KB266572

목소리로 사람들의 마음을 여는
아나운서

목소리로 사람들의 마음을 여는
아나운서

목소리로 사람들의
마음을 여는

아나운서

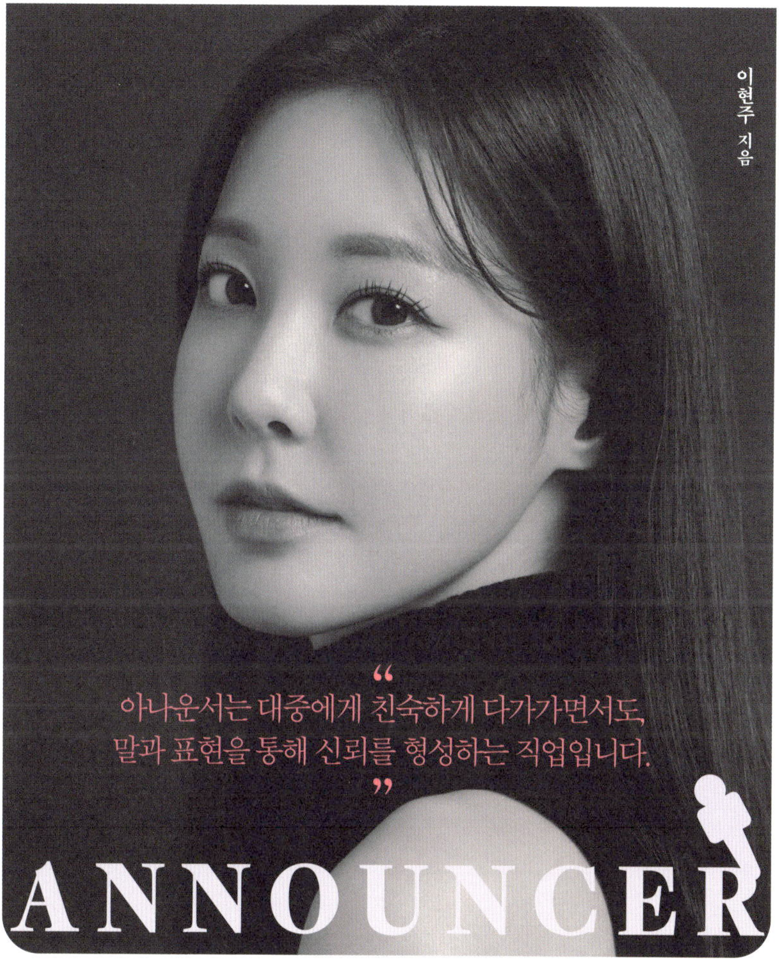

이현주 지음

ANNOUNCER

TALK SHOW

You have to live the life you're given And never close your eyes
You hold on, and stare into the sky, And burn against the cold
For any moment, you might find the gold!

주어진 삶을 당당히 마주하세요.
결코 눈을 감지 마세요. 굳건히 서서 하늘을 직시하며
매서운 추위에 맞서 뜨겁게 타오르세요.
그러다 보면 어느 순간, 당신은 반드시 인생의
가장 빛나는 황금빛 순간을 마주하게 될 거예요.

- 김연아 선수 갈라쇼 배경곡 〈Gold (Linda Eder)〉

아무리 우리가 아름다운 드라마를 만든다고 해도,
지금 우리가 사는 이 세상보다 더
아름다운 드라마를 만들 수는 없을 거야.

- 드라마 〈그들이 사는 세상〉 준영의 독백

C·O·N·T·E·N·T·S

ANNOUNCER

C·O·N·T·E·N·T·S

ANNOUNCER

ANNOUNCER

아나운서 이현주의
프러포즈

청소년 여러분, 반갑습니다.
KBS 아나운서 이현주입니다.

아나운서가 된 후로 방송인이 꿈인 친구들을 참 많이 만나게 됐는데요. 그때마다 어떤 조언을 해 줘야 할까 고민이 많았습니다. 어느 시험이나 비슷하겠지만, 특히 아나운서 시험은 정형화되어 있지 않고 기준이 모호하기 때문입니다. A 방송국에서 최고점을 받은 지원자가 B 방송사에서는 탈락하기도 하죠. 이런 불확실성이 지망생들을 가장 힘들게 할 것입니다. 저 역시 그랬으니까요.

저는 아나운서를 포함한 모든 방송 직군을 '현대의 예술 영역'이라고 말하고 싶습니다. 예술은 수치화할 수 없으며 어떤 기준을 제시하기도 어렵죠. 그래서 이 책에서도 여러분께

‘합격 기술skill’을 전해 드리기는 어렵습니다.

　방송은 사람과 사람이 마음을 나누는 일입니다. 말하는 기술보다 인간에 대한 애정과 진심이 무엇보다 중요한 일이 아닐까 생각합니다. 요즘 방송에서는 ‘엄친아’보다는 ‘우리 동네 바보 형’ 같은 사람들이 사랑받습니다. 진심 없는 기술은 더 뛰어난 기술자 앞에 무너지지만, 자신만의 고유한 개성은 누구도 흉내 낼 수 없는 대체 불가능한 매력이 됩니다.

　인공지능AI이 인간의 직업 대부분을 대체할 것이라고들 합니다. 그렇다면 AI 시대에 나만이 할 수 있는 일은 무엇일까요? 여러분이 이 질문에 대해 깊이 고민하셨으면 좋겠습니다.

　저는 AI 시대가 올수록 인간의 내면과 감정을 다루는 ‘예술 영역’이 더 중요해질 것으로 확신합니다. AI가 만들어 내는 예술 작품이 많아질수록 대중은 완벽한 AI 작품에서는 느낄 수 없는, 사람 향기가 나는 작품을 더 찾게 될 테니까요. 눈부시게 발전하는 디지털 세상에서 아날로그를 찾는 사람들이 늘어나는 이유랄까요?

누군가는 AI가 아날로그적 감동조차 만들어 낼 수 있다고 말합니다. 하지만 제 생각은 다릅니다. 애니메이션 〈K-pop 데몬 헌터스〉의 주제곡 'Golden'을 예로 들어 보겠습니다. 만약 이 곡에 싱어송라이터 '이재'의 인생 이야기가 없었다면, 전 세계인에게 이토록 큰 감동을 줄 수 있었을까요?

12년간의 아이돌 연습생으로 지낸 이야기, 데뷔 무산의 좌절, 그리고 그 좌절에 굴하지 않고 자신만의 음악을 빚어온 인내의 시간들. 그런 삶이 있었기에 'Golden'은 더 빛나는 게 아닐까요? 불안함과 두려움을 이겨낸 이재의 청량한 목소리에서 많은 사람은 한 인간의 삶이 주는 카타르시스와 감동을 느낍니다. AI가 'Golden'을 작곡할 수는 있겠지만, 작곡가의 인생까지 만들어 낼 수 있을까요?

대체 불가능한 꿈을 꾸십시오.
누구도 대신할 수 없는 나의 이야기를 만드십시오.

간접 경험도 좋습니다. 청소년기에 경험하고 느낀 것들이 많을수록 나만의 이야기는 차곡차곡 쌓여 갈 겁니다. 그리고 그것이 무르익어 예쁘게 열매를 맺을 때, 마치 'Golden'의 클라이맥스처럼 시원하게 세상을 향해 뻗어 나갈 겁니다.

　여러분의 꿈을 진심으로 응원합니다. 여러분만의 이야기가 세상에 청명하게 울려 퍼질 그날을 기다립니다.

- 아나운서 이현주

ANNOUNCER

첫인사

편 토크쇼 편집자

이 이현주 아나운서

편 이현주 아나운서님, 안녕하세요? KBS 〈열린음악회〉를 오랫동안 진행해 오신 아나운서님을 이렇게 직접 인터뷰하게 되어 정말 영광입니다. 〈잡프러포즈 시리즈〉를 통해 우리 청소년들을 만나게 된 소감이 어떠신가요?

이 저야말로 정말 영광입니다. 아나운서의 꿈을 이룬 뒤부터 늘 언젠가는 저와 같은 꿈을 가진 청소년들에게 도움을 줄 수 있는 날이 오기를 바라고 있었는데, 바로 지금이 그때인 것 같아요. 그동안 대학생을 대상으로 짧은 강연이나 인터뷰를 한 적은 많았지만, 이렇게 책을 통해 우리 친구들을 깊이 있게 만나는 것은 처음인 것 같아요. 아무쪼록 이 책이 여러분의 꿈을 향한 든든한 길라잡이가 되었으면 좋겠습니다.

편 이번에 청소년들에게 '아나운서'라는 직업을 프러포즈하게 된 특별한 이유가 있을까요?

이 요즘은 방송인의 종류가 다양해졌지만, 방송사에 소속되어 다채로운 프로그램을 진행하는 아나운서는 분명 매력적인 직업입니다.

다만 아나운서라는 직업, 특히 지상파 아나운서는 매우 소수이기 때문에 관련 정보를 얻기가 쉽지 않다고 느꼈어요.

저 역시 그랬고요. SNS에 정보가 넘쳐나는 시대라지만, 현직 아나운서가 직접 들려주는 이야기는 아나운서를 준비하는 친구들에게 훨씬 큰 도움이 되지 않을까 생각합니다.

편 저는 학창 시절에 사람들 앞에서 발표하는 게 너무 어려 웠어요. 수많은 시청자 앞에서 생방송까지 완벽히 소화하는 아나운서님을 뵈니 신기하기도 하고, 제가 내용을 잘 이해할 수 있을지 조금 걱정도 되네요. (웃음)

이 사실 저는 대학생 때까지 '발표 회피자'였어요. 선생님이 발표를 시키실까 봐 눈맞춤을 피하던 학생이었답니다. (웃음) 저뿐만 아니라 학창 시절에 내향적이었던 방송인이 의외로 많아요. 방송인이라고 해서 떨리지 않는 건 아닙니다. 저희도 똑같이 긴장하고 떱니다.

편 저는 아나운서가 늘 완벽하고 차가울 것 같다는 이미지 를 떠올렸는데, 실제로 뵈니 무척 따뜻하고 편안한 인상을 받았습니다. 아나운서는 사람을 많이 만나는 직업이죠?

이 맞아요. 많은 분이 아나운서에 대해 그런 이미지를 갖고 계신 것도 사실입니다. 저 역시 그랬고요. 하지만 아나운서는 뉴스를 전달하는 냉철함도 필요하지만, 기본적으로 사람을 많이 만나고 인터뷰하는 직업입니다. 사람에 대한 관심과 애정이 없다면 쉽게 지치고 말 거예요.

편 지금까지 많은 전문가를 인터뷰하며 느낀 공통점은 자신의 일과 삶을 진심으로 소중히 여긴다는 점이었습니다. 아나운서님께서 생각하시는 '진정한 직업인'의 모습은 무엇인가요?

이 저도 방송 일을 하면서 한 분야에서 자신의 자리를 지켜온 분들을 많이 만났는데, 공통적으로 모두 자신의 일에 진심이었습니다. 저 역시 제 일을 소중히 여기며 늘 감사하는 마음을 잊지 않으려 노력합니다. 제가 생각하는 진정한 직업인이란 자신이 한 일의 결과에 책임지는 사람입니다. 어떤 상황에서도 변명하지 않는 자세, 그것이 진정한 직업인의 태도라고 생각해요. 저 또한 제가 한 일의 결과에 책임지려 합니다.

편 이 책을 다 읽을 즈음에는 저 역시 방송의 언어와 전달의 힘을 조금 더 깊이 이해하게 될 것 같습니다. 뉴스와 프로그램 속 아나운서들의 목소리가 이전과는 다르게 들릴 것 같아요. 그럼 이제, 이현주 아나운서님과 함께 방송의 세계, 그리고 말과 소통의 세계 속으로 들어가 보겠습니다.

목소리로 사람들의 마음을 여는
아나운서

ANNOUNCER

아나운서란

아나운서는 어떤 일을 하나요?

편 아나운서는 구체적으로 어떤 일을 하나요?

이 아나운서는 방송 직군으로서 방송 프로그램 전반에 걸쳐 거의 모든 일을 한다고 보시면 됩니다. 가장 잘 알려진 뉴스 진행자앵커, Ancho, MC, DJ, 내레이터뿐만 아니라 때로는 드라마 카메오cameo나 리포터로 활동하기도 하죠. 방송국 직원으로서 '목소리'와 '전달력'이 필요한 모든 곳에 아나운서가 있다고 보시면 됩니다.

편 그럼 아나운서로 채용되면 목소리가 필요한 모든 일에 투입되는 건가요?

이 네, 맞아요. 방송에 나올 수 있는 거의 모든 일이 가능하다고 보시면 돼요. TV 프로그램 예고 멘트 녹음, 라디오 시보(時報) 알림, 매시간 송출되는 단신 뉴스 진행이 모두 아나운서의 역할이에요. 때로는 방송사의 신년 기획이나 특별 프로그램을 홍보하기 위해 직접 모델로 나서 포스터를 촬영하기도 합니다.

방송사 내부 행사 진행도 많아요. 회사 간 협약식MOU, 공영방송 창립 기념식, 신입사원 입사식 등 공식 행사는 물론,

드라마 〈프로듀사〉 제작발표회

목소리로 사람들의 마음을 여는
아나운서

🎤 KBS 〈뉴스9〉

🎤 2010 광저우 아시안게임 발대식 진행

신규 프로그램 제작발표회나 기자회견도 아나운서의 몫입니다. 월드컵이나 올림픽 같은 국제적인 스포츠 행사가 열릴 때는 스포츠 캐스터로 활약하기도 하고요.

특히 국가적인 대사인 선거 개표 방송에서도 아나운서의 역할이 큽니다. 지방선거부터 대통령 선거까지 진행은 물론, 개표 상황과 득표율을 정확하게 전달하는 역할을 해요.

방송국은 365일 쉬지 않고 돌아가는 곳입니다. 그래서 아나운서들도 순번을 정해 주말과 공휴일에 근무해요. 명절이나 크리스마스처럼 모두가 쉬는 날에도 방송은 계속되어야 하고, 예기치 못한 재난 상황이 발생하면 즉시 현장을 지키며 시청자에게 신속히 정보를 전달해야 합니다. 이렇게 보면 아나운서는 방송사 전반과 관련된 거의 모든 업무를 담당한다고 할 수 있어요.

편 채용 당시부터 이런 구체적인 업무들을 안내받나요?

이 아니요. 채용할 때는 그냥 '아나운서', '기자', 'PD'처럼 직군만 나눠서 뽑아요. '아나운서는 이런 일을 합니다' 하고 구체적으로 설명해 주지는 않죠.

편 그야말로 '멀티플레이어'군요.

제19대 대통령 선거 방송

이 맞아요. 아나운서는 아나운서, 기자는 기자로 뽑긴 하지만, 부서별로 세세한 업무 설명은 거의 없습니다. 일반 기업에서는 채용 공고에 '마케팅 담당자는 이런 이런 일을 합니다'라고 자세히 적혀 있잖아요. 그런데 방송사는 좀 달라요. 방송사라는 특수성 때문일까요?

어떤 일을 하게 될지 정확히 알 수 없다는 점이 오히려 더 매력적으로 느껴졌던 것 같아요.

기자나 리포터와는 어떤 차이가 있나요?

편 그렇다면 기자와 리포터와는 어떤 차이가 있나요?

이 기자와 아나운서는 채용 단계부터 구분되는 별개의 직종입니다. 기자는 직접 취재하고, 원고를 쓰고, 방송 기자의 경우에는 현장에서 리포팅까지 하죠. 뉴스 제작의 전 과정을 주도하는 직업이죠. 반면 아나운서는 뉴스 진행자앵커, Anchor 뿐만 아니라 리포터, 내레이터, 예능 프로그램 출연, 행사 진행 등 방송 내에서 훨씬 다양한 역할을 맡을 수 있어요. 아나운서가 뉴스 진행자를 맡는 경우가 많다 보니, 시청자는 아나운서와 기자를 헷갈리기 쉬운 것 같아요.

편 그럼 리포터는 아나운서 범주에 포함되는 개념인가요?

이 리포터는 독립된 '직종'이라기보다 방송 내에서의 '역할'에 가깝습니다. 그래서 아나운서가 프로그램의 필요에 따라 리포터 역할을 하는 경우도 많아요. 아마 많은 분이 이 부분을 가장 헷갈려 하실 거에요. 외견상으로는 모두 방송에 출연하는 '방송인'으로 보일 수 있습니다.

하지만 방송국 내부 시스템을 보면 차이가 조금 더 분명해져요. 기자와 아나운서는 각각 별도의 직군으로 채용되어 고

🎤 헌혈 캠페인 <생명을 나눕시다>

유의 업무를 수행합니다. 반면, 리포터는 직군이라기보다는 프로그램에서 필요에 따라 맡기는 역할이에요. 프로그램 제작진이 별도로 리포터를 섭외해 계약을 맺기도 하는데, 이런 경우에는 대개 프리랜서 방송인으로 활동하게 되죠.

성우도 아나운서와 비슷한가요?

편 성우 역시 아나운서와 비슷한 일을 하나요?

이 비슷한 점도 있지만, 분명히 다른 직업입니다. 성우는 아나운서보다 업무 범위가 더 제한적이에요. 다만 '목소리를 사용해 일한다'라는 점에서는 공통점이 있죠.

KBS의 경우, 전속 성우를 선발해 약 2년 동안 방송사 소속으로 활동한 뒤 이후에는 프리랜서 성우로 자유롭게 활동하게 됩니다. 성우는 목소리로 연기하는 사람을 말해요. 그래서 주로 만화 영화나 외화 프로그램을 한국어로 더빙dubbing하는 일을 합니다.

아나운서들은 일반적으로 만화나 외화 더빙을 하지는 않습니다. 아주 드물게 특별한 목소리 출연을 하는 경우 정도는 있을 수 있겠죠.

성우와 아나운서가 겹치는 영역도 있어요. 대표적인 게 내레이션Narration입니다. 성우들도 내레이션을 하고, 아나운서 역시 내레이션을 맡을 수 있죠. 예를 들어 〈다큐 3일〉이나 〈인간극장〉 같은 프로그램은 아나운서가 내레이션을 맡는 경우가 많습니다.

방송 안에는 성우, 리포터, DJ, 뉴스 진행자처럼 다양한 역할과 직업이 존재합니다. 그런데 아나운서는 이 중 여러 역할을 겸할 수 있는 직군이에요. 물론 전문 리포터, 전문 성우, 전문 DJ처럼 한 가지 역할만 집중해서 하는 방송인들도 있습니다.

편 아나운서는 리포팅부터 내레이션까지 소화하는 다방면 직종이군요.

이 맞아요. 아나운서는 조금 독특한 개념의 직업이에요. 방송사라는 조직에 소속된 '직원'이면서, 동시에 해당 방송사의 프로그램 전반에 투입되어 활동하는 '방송인'이라고 보시면 됩니다.

기상 캐스터나 스포츠 캐스터도 같은 역할인가요?

편 기상 캐스터나 스포츠 캐스터도 아나운서와 같은 역할인가요?

이 기상 캐스터와 스포츠 캐스터 모두 방송에 나오기 때문에 시청자 입장에서는 똑같은 '아나운서'처럼 보일 수 있어요. 하지만 방송사 내부에서는 역할과 소속이 조금 다릅니다. 기상 캐스터의 경우, 과거에는 기상청에서 교육받은 전문가들이 선발되기도 했지만 요즘은 방송국에서 자체적으로 캐스터를 뽑는 경우가 많습니다. 아나운서 직군과는 별도로 운영되고, 주 업무 역시 날씨 정보를 전달하는 데 집중되어 있어요.

편 스포츠 캐스터나 스포츠 아나운서도 따로 선발하나요?

이 네, 스포츠 전문 채널에서는 중계나 인터뷰를 전담할 스포츠 아나운서를 별도로 선발하기도 합니다. 다만 지상파 방송사에 소속된 정규직 아나운서도 스포츠 중계나 캐스터 역할을 할 수 있어요. 예를 들어 LG 트윈스와 한화 이글스의 경기를 KBS가 중계한다면, 아나운서실 소속 아나운서가 캐스터로 배정되기도 하죠.

그래서 시청자분들은 '이 사람도 아나운서, 저 사람도 아나운서네'라고 느끼게 되는 거죠. 방송에 나오는 사람들의 역할이 다양한 만큼, 소속 형태도 매우 다양하다고 이해하시면 돼요. 정규직으로 방송사에 입사했느냐, 아니면 프리랜서로 활동하느냐의 차이라고 보면 됩니다.

아나운서는 원고를 직접 작성하나요?

편 아나운서는 원고를 직접 작성하나요, 아니면 제작진이 준비한 원고를 읽기만 하나요?

이 대부분의 경우 기본 원고는 주어집니다. 하지만 상황에 따라 직접 쓰기도 하고, 꼭 정해진 방식이 있는 건 아니에요. 아나운서는 방송의 최종 전달자이기 때문에 원고를 그대로 읽기만 하는 경우는 거의 없습니다. 같은 의미라도 말하는 사람에 따라 어떤 단어를 쓰느냐, 문장을 어떻게 끊느냐에 따라 느낌이 달라지기 때문이죠.

그래서 필요하면 표현을 수정하고, 경우에 따라서는 오프닝 원고를 직접 작성하기도 합니다. 특정 분야에 대한 이해도가 높거나, 프로그램 성격상 제작진과 협의가 되어 있다면 아나운서가 원고를 쓰는 일도 자연스럽게 생깁니다. 뉴스 진행자의 경우에는 앵커 멘트를 직접 작성한 뒤, 데스크(관리자)의 검토와 승인을 받는 과정을 거칩니다.

편 작가와의 긴밀한 협업도 중요하겠군요.

이 그럼요. 작가가 있는 프로그램에서는 그분의 고유한 역할과 권한을 존중하는 것이 무엇보다 중요합니다. 그래서 무조

건 고치는 게 아니라, "이 부분은 제가 이렇게 수정해도 될까요?" 하고 사전에 충분히 협의하는 과정이 필요하죠.

물론 모든 프로그램에 작가가 있는 건 아닙니다. 예를 들어 새벽 시간대 방송이나 예산이 적은 프로그램의 경우에는 아나운서가 오프닝 원고를 직접 쓰기도 해요. 선곡은 PD가 하더라도, 시청자 사연을 소개하는 구성이라면 아나운서가 원고까지 책임지는 경우도 있죠.

MC와 앵커의 차이가 무엇인가요?

 MC와 앵커는 구체적으로 어떻게 다른가요?

 MC는 'Master of Ceremonies'의 약자로, 각종 의식이나 행사, 공연, 쇼 등을 이끌어가는 진행자를 뜻합니다. 사전적으로도 예능, 공연, 퀴즈쇼, 인터뷰 등 TV나 라디오 프로그램의 진행자를 폭넓게 의미해요.

반면 앵커는 보도 프로그램, 즉 뉴스나 시사 프로그램을 진행하는 사람입니다. 예를 들자면, 제가 진행했던 〈열린음악회〉나 많은 분이 좋아하시는 〈생생정보통〉 같은 프로그램의 진행자는 'MC'라고 하고요, 〈KBS 뉴스 9〉를 진행하는 사람은 영어로 '앵커', 우리말로 '뉴스 진행자'라고 부릅니다.

역할에 따라 방송 태도에도 차이가 있습니다. MC는 앵커에 비해 원고 수정이나 애드리브에 비교적 자유로운 편이에요. 반면 앵커는 원고를 수정하거나 즉석 발언을 하기 전, 대부분 최종 관리자와 충분한 협의를 거쳐야 합니다.

아나운서 입장에서도 느낌이 조금 달라요. MC를 맡을 때는 언어 사용이 좀 더 자유롭고, 분위기에 맞춰 유연하게 표현하려고 합니다. 반면 앵커를 맡을 때는 더 긴장한 상태에서, 정확하고 정제된 언어만을 사용하려고 하죠.

외국에도 아나운서 직업이 있나요?

편 외국에도 우리나라와 같은 '아나운서'라는 직업이 있나요?

이 일본과 중국은 우리나라와 같은 아나운서라는 직업이 있고, 미국을 비롯한 서구권 국가에는 한 방송사에 소속되어서 방송 전반의 업무를 하는 아나운서는 없다고 보면 돼요. 대부분 프리랜서로 각 프로그램 마다 개별적으로 고용되는 형태이며, 보통은 규모가 작은 지역 방송국에서 리포터나 앵커로 경력을 시작해 실력을 인정받은 뒤, ABC, CNN, CBS 같은 전국 단위 방송사로 진출하는 방식입니다.

'앵커Anchor'라는 말도 미국 CBS의 전설적인 뉴스 진행자였던 월터 크롱카이트Walter Cronkite에게서 유래한 것으로 알려져 있습니다. 뉴스에서 배의 '닻Anchor'처럼 중심을 잡아주는 인물이라는 의미에서 시작된 말이죠. 이어달리기에서 마지막 주자를 '앵커'라고 부르는 것도 같은 맥락입니다.

그만큼 미국의 뉴스 앵커는 모든 리포트와 전문가를 연결하고, 뉴스 전체의 흐름을 총괄하는 역할을 수행합니다. 그래서 기자로서의 탄탄한 취재 경력과 전문성이 앵커가 되기 위한 필수 조건인 경우가 많습니다.

미국에서는 이런 경력과 신뢰를 인정받은 소수만이 고액 연봉의 앵커로 계약을 맺습니다. 보통 에이전시^{agency}를 통해 2~3년 단위로 계약하며, 시청률이 떨어지거나 방송사와 갈등이 생기면 계약이 종료되기도 합니다. 하지만 동시에 다른 방송사로 이직할 기회도 열려 있다는 점에서, 철저히 시장 중심적인 구조라고 볼 수 있죠.

편 우리나라와 가장 비슷한 시스템을 가진 나라는 어디인가요?

이 우리나라와 가장 비슷한 형태의 아나운서 제도를 가진 나라는 일본입니다. 한국의 방송 문화가 일본의 영향을 많이 받았던 시기가 있었고, 지금도 방송 현장에는 일본식 용어가 일부 남아 있기도 하죠. 일본 역시 방송사가 아나운서를 직접 선발해 정규직으로 채용합니다. 선발 인원이 적어 합격하기가 무척 어렵다는 점도 우리나라와 비슷해요.

다만 차이가 있다면, 일본의 여성 아나운서들은 우리나라보다 훨씬 더 '연예인화'된 경우가 많다는 점입니다. 예능 프로그램 출연은 기본이고, 직접 연기를 하거나 화보집을 내는 사례도 있다고 알려져 있어요. 물론 모든 아나운서가 그런 것은 아닙니다.

중국에도 아나운서는 존재합니다. 제가 2015년, 중국 CCTV와 KBS가 합작한 〈한중가요제〉 진행을 위해 중국에 갔을 때 CCTV 소속 아나운서들을 만난 적이 있어요. 다만 CCTV는 국영 방송국이기 때문에 아나운서를 어떤 방식으로 채용하는지는 외부에 잘 알려져 있지 않습니다. 중국 국영 방송 아나운서는 우리나라 지상파 아나운서처럼 '방송국 직원'이라기보다는 일종의 공적 인물, 정치인에 가까운 위치라는 이야기도 들었습니다.

정리하자면 다음과 같습니다.

-미국: 방송사 소속 아나운서는 없고, 기자·배우·전문가·코미디언 등이 역할별로 계약해 앵커·MC·DJ·성우를 맡음

-일본: 우리나라와 유사하게 방송사에서 아나운서를 정규직으로 채용

-중국: 국영 방송 중심의 특수한 구조

특히 미국은 다인종·다문화 사회이고 방송 인력 풀이 매우 넓어, 방송사가 인재를 직접 길러내지 않아도 시장에서 충분히 인력이 공급됩니다. 정규직 개념이 희박하고 성과 중심 계약이 일반적인 미국 노동 시장 구조도 방송 시스템에 영향을 미쳤다고 볼 수 있습니다.

일본과 한국은 조직 소속을 중시하는 동양권 고용 문화

속에서 아나운서 제도가 자리 잡았다고 할 수 있고요. 다만 일본은 한국보다 상업적 활동에 조금 더 열린 편이라고 볼 수 있습니다.

아나운서 직업의 특별함은 무엇일까요?

편 아나운서라는 직업만이 가진 특별한 매력은 무엇인가요?

이 가장 큰 장점은 정말 다양한 사람을 만나며 그들의 삶을 직접 경험할 수 있다는 점이에요. 방송을 하다 보면 생각보다 훨씬 많은 사람과 마주하게 됩니다. 어떤 선배님은 우스갯소리로 "서민부터 대통령까지 만날 수 있는 직업"이라고 표현하시기도 했어요.

그 말이 과장이 아닐 정도로, 아나운서는 본인의 의지와 상관없이 아주 어려운 환경에 처한 분들을 만나기도 하고, 국가적인 행사가 있을 때는 사회적으로 높은 위치에 있는 분들과 대담을 나누기도 합니다.

대부분의 직업은 자신과 비슷한 환경, 비슷한 수준의 사람들을 주로 만나게 되는데, 아나운서는 그 범위가 정말 넓어요. 어린아이부터 노약자까지, 다양한 세대와 다양한 삶을 살아온 사람들을 만날 수 있습니다. 그런 경험들이 차곡차곡 쌓이면서 제 시야도 많이 넓어졌어요. 이 일을 하면서 내 인생이 조금씩 넓어지고, 또 깊어지고 있다는 느낌을 자주 받습니다.

가장 힘든 점은 어떤 건가요?

편 아나운서로 활동하며 가장 힘든 점은 무엇인가요?

이 가장 먼저 떠오르는 건 근무 시간이 일정하지 않다는 점이에요. 일반 직장인처럼 정해진 시간만 일하는 게 아니라 연장 근무는 물론이고 새벽 근무, 심야 근무, 주말과 공휴일 근무도 감수해야 합니다. 방송국은 쉬는 날이 없으니까요. 모든 채널이 24시간 방송을 하는 건 아니지만, YTN 같은 보도 전문 채널도 있고, 어쨌든 '남들이 쉴 때 쉬지 못하는 직업'이라는 점은 변함이 없습니다.

또 하나 힘든 점은 스케줄이 늘 유동적이라는 거예요. 오늘 이 프로그램을 진행하더라도 내일 갑자기 다른 프로그램에 투입될 수 있습니다. 그래서 개인 일정이나 생활 리듬을 미리 계획하기가 쉽지 않아요. 정신적인 스트레스도 큽니다. 아나운서는 늘 화면에 노출되는 직업이다 보니 피드백이 매우 빠르고 직접적으로 들어옵니다. 항상 내 모습을 점검하고, 말투나 표정, 태도를 스스로 검열하게 되죠. 물론 긍정적인 피드백도 있지만, 부족한 점에 대한 지적을 더 많이 듣게 되는 직업이기도 합니다. 그게 나를 위한 조언이라는 걸 알면서도 상처를 받을 때가 있는 건 사실이에요. 가끔 연예인들이

악성 댓글(악플)로 힘들어하는 이유를 조금 알 것 같아요. 이 일을 하면서 '보이는 직업'은 감당해야 할 부담도 크다는 걸 많이 느낍니다.

예능 아나운서는 어떻게 발굴하나요?

편 이른바 '예능 아나운서'는 어떻게 발굴되나요? 예능 프로그램에 출연해 스타가 되는 아나운서들은 어떤 과정을 통해 기회를 얻는지 궁금합니다.

이 정해진 방식이 있는 건 아니고 상황에 따라 정말 다양합니다. PD가 "저분과 한번 작업해 보고 싶다"라며 먼저 제안하는 경우도 있고, 반대로 아나운서 본인이 처음부터 예능 프로그램을 하고 싶어 방송사에 들어오는 경우도 있어요. 대표적인 사례가 전현무 씨죠. 결국 어떤 고정된 규칙이 있다기보다, 개인의 성향과 주어진 기회가 잘 맞아떨어지는 경우라고 보는 게 맞을 것 같아요.

편 아나운서라면 대부분 예능 방면에도 재능이 있을 것 같은데, 실제로는 어떠신가요?

이 사람마다 정말 달라요. 저도 예능 프로그램에 출연한 적이 있지만, 그것이 지속적인 기회로 이어지지는 않았거든요. 반면 예능적인 상황을 즐기고 자기표현에 강점이 있는 분들은 자연스럽게 기회가 계속 생기기도 합니다. 결국 예능도 '자신과 잘 맞는 사람'이 따로 있는 것 같아요.

편 앞으로 예능 아나운서의 활약이 더 늘어날 것으로 보시나요?

이 그럴 거라고 생각해요. 예능은 보도에 비해 진행 방식이 자유롭고, 요즘은 유튜브 같은 플랫폼으로도 얼마든지 확장할 수 있잖아요. 보도 콘텐츠는 그 순간이 지나면 휘발되는 경우가 많지만, 예능 콘텐츠는 기록으로 남아 꾸준히 다시 활용할 수 있다는 장점도 있습니다.

앞으로 콘텐츠의 형태나 플랫폼은 더욱 다양해질 테고, 제작자 입장에서도 새로운 얼굴에 대한 수요는 계속 늘어날 거예요. 따라서 아나운서가 예능 영역으로 진출하는 흐름은 앞으로도 계속 이어질 가능성이 크다고 봅니다.

프리랜서로 전환하는 이유는 무엇일까요?

편 아나운서들이 프리랜서로 전향하는 경우가 많습니다. 과중한 스케줄 때문인가요?

이 그 이유도 분명히 있습니다. 아나운서는 회사 소속이기 때문에 기본적으로 회사에서 맡기는 일을 우선적으로 해야 하는 처지예요. 예능을 통해 인지도가 높아지면 회사에서는 그 아나운서를 여러 프로그램에 출연시키고 싶어 합니다.

그런데 사람은 한 명뿐이잖아요. 스케줄이 점점 무리하게 겹치면서 체력적으로나 일상생활 면에서 부담이 커질 수밖에 없죠.

또 하나의 이유는 요즘 방송 환경이 많이 바뀌었다는 점이에요. OTT^{Over-the-top} 플랫폼이 늘어나면서 다른 방송사나 새로운 플랫폼으로 활동 영역을 넓히고 싶은 분들도 많아졌습니다. 프리랜서가 되면 시간을 스스로 조절할 수 있고, 어떤 일을 할지 선택할 수 있는 폭도 훨씬 넓어지죠. 그래서 자연스럽게 프리랜서로 진출하는 선택을 하게 되는 경우가 생깁니다.

편 KBS 소속일 때는 타 방송사나 외부 활동에 제약이 있나요?

이 네, 쉽지 않습니다. 저희는 한 방송사에 소속된 직원이기 때문에 회사 허가 없이 다른 방송사 출연이나 외부 활동을 자유롭게 할 수는 없어요. 만약 그런 활동이 완전히 자유롭다면 굳이 프리랜서를 선언할 이유도 없겠죠.

뉴스와 예능 중에 어느 쪽이 더 좋으세요?

편 아나운서님께서는 뉴스와 예능 중 어느 쪽이 더 편하신가요?

이 제가 처음 입사했을 때는 예능 프로그램에 꽤 많이 출연했어요. 당시 인기 프로그램이었던 〈스타골든벨〉, 〈야행성〉, 〈해피투게더〉, 〈1대 100〉 같은 프로그램들이었죠. 명절 특집 예능에도 여러 번 게스트로 출연했고요. 긴장도 많이 했지만, 막상 나가 보니 생각보다 재미있었어요. 유재석, 박명수 같은 유명 MC 분들도 잘 챙겨주셨고, 어릴 적 TV로만 보던 연예인들과 함께 출연한다는 게 신기하기도 했죠.

한 번은 남자 가수들이 게스트로 나온 예능 프로그램에 저 혼자 여성 출연자로 나갔던 적도 있었는데, 그것도 지금은 좋은 추억으로 남아 있어요. 그런데 이후에 〈KBS 뉴스 9〉를 맡게 되면서 자연스럽게 예능과 멀어졌습니다. 당시 회사 보도국 분위기가 〈KBS 뉴스 9〉 메인 앵커의 예능 출연을 거의 허용하지 않았거든요. 솔직히 말하면 저는 뉴스와 시사 프로그램이 더 편한 편이에요.

뉴스는 정확한 정보를 전달해야 하기 때문에 정제되고 준비된 멘트를 사용하죠. 방송 전에 원고를 여러 번 검토하고,

🎤 <연중 라이브> 방송

🎤 2021 〈KBS 연예대상〉 시상식 - 베스트 커플상 수상

목소리로 사람들의 마음을 여는
아나운서

여러 단계를 거쳐 승인을 받은 뒤 방송이 나가니까 그 과정이 저에게는 오히려 마음이 편했습니다.

반면 예능은 예측이 어렵습니다. 많은 분이 모르실 수도 있지만, 예능도 당연히 대본이 있어요. 요즘 유행하는 관찰 예능이나 리얼리티 예능도 기본적인 대본은 모두 존재합니다. 다만 상황에 따라 유동적으로 흘러갈 뿐이죠. 그래서 '어차피 모든 방송에 대본이 있다면, 내가 조금 더 통제할 수 있고 돌발 상황이 적은 뉴스가 더 편하다'라고 생각했던 것 같아요.

돌아보면, 제가 9시 뉴스 이후에 맡았던 프로그램이 〈열린음악회〉였어요. 이 프로그램은 예능 PD들이 만드는 대형 쇼 프로그램이죠. 또 〈연중 라이브(연예가 중계)〉 MC도 맡았습니다. 이렇게 보면 뉴스와 예능을 나름 고르게 경험해 본 셈이네요.

제가 그동안 맡았던 프로그램은 정적이고 정제된 성격의 방송이 많았어요. 제 목소리 톤이 비교적 저음이라 뉴스나 교양 프로그램에 잘 어울린다고 생각했고요. 하지만 원래 제 성격은 굉장히 밝고 장난치는 것도 좋아해서, 사실은 예능 프로그램도 잘 어울리지 않을까 혼자 생각해 보기도 합니다.

사실 방송국에서 '뉴스형 아나운서', '예능형 아나운서'처럼 처음부터 일을 나누어서 시키지는 않습니다. 다만 시간이 지나면서 각자의 성향에 따라 맡는 일이 자연스럽게 정해지고 조금씩 굳어지는 편이죠.

요즘 후배들을 보면 예능을 선호하는 경우가 많은 것 같아요. 예능은 특히 본인이 하고자 하는 의지가 중요합니다. 재능이 있어서 자연스럽게 잘하는 경우도 있겠지만, 대부분은 꾸준히 도전하면서 예능의 분위기와 리듬을 몸으로 익히며 조금씩 성장해 나가는 경우가 많거든요. 요즘 방송 분위기는 하기 싫다는 사람을 억지로 붙잡아 "너 예능 해." 하고 시키지는 않습니다. 관심이 있는 사람이 기회를 엿보다가, 기회가 왔을 때 잡느냐 잡지 못하느냐에 더 가깝죠.

실제로 최근 예능 아나운서로 큰 화제가 되었고 프리랜서로 전향한 김대호 아나운서도 처음부터 예능을 했던 건 아니에요. 교양 프로그램을 오래 진행하다가 아나운서국 유튜브 채널에서 찍은 소소한 영상이 〈나 혼자 산다〉의 분위기와 잘 맞으면서 예능 프로그램으로까지 이어진 사례죠. 이렇게 아나운서의 방송 인생은 어떻게 흘러갈지 쉽게 예측할 수 없습니다. 오래 방송 생활을 하다 보면, 전혀 다른 기회가 찾아오기도 하고요.

여러 장르의 방송을 경험해 볼 수 있다는 점, 그 자체가 이 직업의 또 다른 매력이라고 생각합니다. 저 역시 임신과 출산이라는 큰 변화를 겪고 나서 '이제는 더 많은 것에 도전해 보고 싶다.'라는 마음이 생기기도 했고요.

인터뷰 노하우가 있나요?

편 전문가 인터뷰를 진행하실 때 어려울 거 같아요, 아나운서님만의 특별한 노하우가 있나요?

이 특별한 노하우가 있다기보다 기본은 다 비슷하다고 생각해요. 누군가를 인터뷰할 때 가장 중요한 건 무엇보다 '사전 조사'입니다. 요즘은 인터넷 자료가 정말 많아서 마음만 먹으면 과거 기사나 인터뷰 내용을 충분히 찾아볼 수 있어요.

단순히 프로필처럼 정리된 정보만 보는 게 아니라, 가벼운 기사나 출연했던 방송, 유튜브 영상까지 찾아보면 그 사람의 성격이 조금씩 보이거든요. 그런 자료들을 바탕으로 질문을 준비할 때, 상대의 성향에 맞게 질문의 결을 조정합니다. 그리고 인터뷰 중에 미리 봤던 자료와 연결해 즉석에서 질문을 던지면 대부분 인터뷰 대상^{interviewee}도 굉장히 좋아하세요. '내 이야기를 정말 잘 알고 왔구나' 하는 느낌을 받으시거든요.

특히 요즘은 유튜브 영상이 큰 도움이 됩니다. 말투나 표정, 분위기를 통해 낯을 가리지 않는 사람인지, 본인 이야기를 편하게 하는 편인지, 아니면 비교적 조심스러운 성향인지도 어느 정도 파악할 수 있어요. 이런 부분을 미리 알고 가면 인터뷰 현장에서 대화를 훨씬 자연스럽게 이끌 수 있습니다.

만약 말수가 적은 분이라면 어떻게 경계를 풀고 편하게 이야기하도록 유도할 수 있을지, 접근 방식을 미리 고민하고 들어가요. 결국 인터뷰는 질문을 잘하는 기술이라기보다, 상대방을 얼마나 이해하고 준비해 왔느냐가 중요한 것 같아요.

가장 기억에 남는 인터뷰가 궁금해요

편 그동안 수많은 분을 만나셨는데, 가장 기억에 남는 인터뷰 대상은 누구인가요?

이 기억에 남는 분들은 정말 많지만, 상징적인 의미로는 대통령 인터뷰가 가장 기억에 남아요. '아, 내가 대통령을 인터뷰하는구나' 하는 순간의 느낌이 확실히 특별하긴 하죠. 누구나 할 수 있는 경험은 아니니까요.

편 대통령 인터뷰는 일반 인터뷰와 준비 과정부터 다를 것 같습니다.

이 두 분의 대통령을 인터뷰했는데, 대통령 인터뷰는 일반 인터뷰와 비교했을 때 준비 과정부터 조금 달라요. 대통령 비서실 의전비서관과 사전에 소통해야 할 부분이 많고, 질문 역시 대부분 미리 정해져 있습니다. 그래서 오히려 일반 인터뷰보다 준비할 게 적다고 느껴질 때도 있어요. 인터뷰 시간도 정확히 정해져 있어서 추가 질문이나 돌발 질문을 던지기는 쉽지 않죠.

대신 인터뷰 외적인 준비가 많습니다. 대통령실에서 중요하게 여기는 경호나 의전 같은 부분도 함께 신경 써야 하거든

🎤 2022년 신년음악회

🎤 배우 이민정, 이상엽 인터뷰

요. 인터뷰 장소에 가면 검은 정장을 입은 경호 인력들이 배치되어 있는데, 그때 문득 '총은 어디에 있을까?' 이런 엉뚱한 생각을 했던 기억도 납니다.

대통령을 실제로 만나는 건 처음이라 긴장이 안 됐다면 거짓말이겠죠. 그래서 인터뷰 전에 스스로에게 계속 주문을 걸었어요.

'이건 대단한 인터뷰가 아니다.'

'결국에는 나와 똑같은 사람이고, 내가 그동안 만나온 수많은 인터뷰 대상 중 한 명이다.'

사실 그 말이 틀린 건 아니기도 하고요. 막상 인터뷰가 시작되고 나서는 생각보다 큰 어려움은 없었습니다. 대통령이라고 해서 고압적인 태도를 보인다거나 인터뷰를 어렵게 만드는 일은 전혀 없거든요. 오히려 상대가 긴장할 것을 잘 알기 때문에 편하게 해 주려는 경우가 많습니다.

돌이켜보면 인터뷰 자체의 난이도보다도 '대통령을 인터뷰한다'는 대상의 무게감, 그리고 회사의 중요한 역할을 맡았다는 책임감이 가장 큰 부담이었던 것 같아요. 그래서 그 인터뷰가 지금까지도 가장 또렷하게 기억에 남는 것 같습니다.

라디오 진행은 TV와 많이 다른가요?

편 라디오 진행은 TV와 어떤 점이 다른가요?

이 약 3개월 정도 심야 라디오에서 특별 DJ를 맡은 적이 있어요. 라디오는 기회만 된다면 지금도 정말 해보고 싶은 방송이에요. 그때는 기존에 맡고 있던 TV 프로그램과 방송 시간이 겹쳐서 오래 맡기에는 현실적으로 어렵더라고요. 그래서 더 아쉬웠죠.

많은 분이 '라디오는 얼굴이 안 나오니까 더 편하겠다'라고 생각하시는데, 사실은 그렇지만도 않습니다. 라디오는 매일 하는 방송이기 때문에 준비 시간이 굉장히 많이 들어요. 1~2시간 방송을 위해 그만큼 집중해서 준비해야 하고, TV 방송과 병행하기도 쉽지 않죠. 그럼에도 불구하고 진행 자체는 정말 재미있었어요. TV와 라디오는 각자 전혀 다른 매력이 있습니다.

편 그럼에도 아나운서들이 라디오에 애정을 갖는 이유는 무엇인가요?

이 예전에는 엽서로 사연을 받았지만, 요즘은 KBS의 '콩KONG', MBC의 '미니mini'처럼 실시간으로 청취자와 소통할 수 있는 전용 앱^{app}이 있어요. 방송을 진행하면서 모니터로 청취자 반응이 바로바로 올라오니까 굉장히 재미있더라고요. 마치 실시간으로 대화하는 느낌이랄까요.

물론 지상파 방송이다 보니 모든 메시지를 다 읽어 드릴 수는 없지만, 반응이 즉각적으로 온다는 점 자체가 라디오의 가장 큰 매력인 것 같아요. TV는 얼굴이 나오니까 늘 긴장을 하게 되는데, 라디오는 얼굴이 보이지 않아서 조금 더 편안한 상태로 스튜디오에 들어갈 수 있다는 장점도 있습니다.

그래서인지 라디오에서는 좀 더 '나다운 모습'이 자연스럽게 나오는 것 같아요. 게스트와의 거리감도 다릅니다. 라디오는 훨씬 가까운 거리에서 이야기를 나누는 느낌이 있어서 친밀감이 더 크게 느껴져요. TV 녹화에서는 하기 어려운 이야기들을 라디오에서는 조심스럽게 들려주기도 하고요. 그 점이 라디오를 더 특별하게 만드는 것 같습니다.

KBS 한국어연구부는 어떤 곳인가요?

편 KBS 한국어연구부는 구체적으로 어떤 일을 하는 곳인가요? 최근 한국어에 대한 국제적 관심이 부쩍 높아진 것 같습니다.

이 맞습니다. 외국인들의 한국어에 대한 관심은 정말 어마어마해요. 사실 KBS는 한류가 본격화되기 훨씬 이전부터 'KBS 월드KBS WORLD'를 통해 한국 방송을 해외로 송출해 왔습니다. 〈뮤직뱅크〉를 비롯해 제가 진행했던 〈KBS 뉴스 9〉, 〈열린음악회〉도 해외에 그대로 방송됐고요. 그러다 보니 해외 팬들의 견학 문의나 촬영 관람 요청도 꾸준히 이어지고 있습니다. 한류 팬들 사이에서는 KBS를 우리나라를 대표하는 방송국으로 인식하는 경우가 많다는 걸 현장에서 직접 느껴요.

KBS에는 '한국어연구부'가 있습니다. 전통적으로 아나운서들은 '한국어 지킴이' 역할을 맡아 왔고, 그 연장선에서 〈찾아가는 바른 우리말 선생님〉 같은 프로그램을 15년 가까이 운영해 왔습니다. 이 프로그램은 매년 전국 초·중학교 약 100곳을 대상으로 아나운서가 직접 찾아가 일일 특강을 진행하는 방식이에요. 아이들에게 올바른 우리말 사용을 알리고 언어의 중요성을 전하는 활동이죠. 이런 활동을 바탕으로 앞으로는 외국인을 대상으로 한 우리말 교육 프로그램도 확장해 보자는 논의가 활발히 이루어지고 있습니다.

또 KBS에는 '한국어진흥원'이 있는데, 이곳에서 KBS 한국어능력시험을 주관합니다. 관리자급 아나운서들이 운영을 맡고 있고, 시험 문제 출제와 평가 등을 담당합니다. 아나운서들은 듣기 평가 시험 녹음에도 직접 참여하고요.

K-컬처K-Culture의 영향으로 한국어를 배우고 싶어 하는 외국인은 계속 늘고 있지만, 해외에는 이를 체계적으로 가르칠 기관이 아직 충분하지 않은 편입니다. 그래서 검증되지 않은 사설 기관이나 유튜브를 통해 한국어를 배우는 경우도 많다고 해요.

반면 KBS 아나운서들은 KBS 한국어능력시험을 통과한 전문 인력이고, 일부는 국립국어원과 문화체육관광부가 주관하는 '한국어 교원 자격증'을 취득하기도 합니다. 이 자격증은 한국어가 모국어가 아닌 사람에게 한국어를 가르칠 수 있는 공식 자격이에요. 이런 인적·제도적 자원을 기반으로 앞으로는 더 체계적이고 신뢰할 수 있는 한국어 교육 프로그램을 만들어 갈 수 있겠다는 생각을 하고 있습니다.

아나운서들은 한국어 자격증이 필수인가요?

편 아나운서들은 대개 한국어 관련 자격증을 보유하고 있나요?

이 기본적으로 아나운서는 한국어를 다루는 전문가라고 할 수 있어요. 다만 아나운서라고 해서 모두가 '한국어 교원 자격증'을 갖고 있는 건 아니고, 이 자격증은 개인이 선택해서 취득해야 합니다.

한국어 교원 자격증은 국가가 외국인에게 한국어를 가르칠 수 있는 역량을 공식적으로 인증해 주는 자격증이에요. 대학 전공 여부나 이수 과정에 따라 2급, 3급 등으로 나뉘고요. 요즘에는 직업의 연장선에서 좀 더 전문적인 자격을 갖추고 싶어 한국어 교원 자격증에 도전하는 젊은 아나운서들이 점점 늘고 있습니다.

아나운서라는 직업 특성상 국문과나 한국어 관련 전공을 한 경우도 많아서, 그런 분들은 자격증 과정에 비교적 수월하게 접근하기도 해요. 이렇게 자격을 갖춘 아나운서들은 앞으로 KBS 아나운서실 한국어연구부에서 외국인 대상 교육 프로그램을 만들 때 언제든 투입될 수 있는 중요한 인적 자원이 됩니다. 실제로 교육 현장으로의 진출도 가능하고요.

그래서 저는 'KBS라는 이름을 걸고 외국인을 위한 한국어 교육 프로그램을 만든다면, 공신력 있는 표준 한국어를 세계에 전파할 수 있지 않을까' 하는 생각을 하고 있습니다. 아나운서의 역할이 방송에만 머무르지 않고 언어와 문화 교육으로까지 확장될 수 있다면, 그 자체로도 아주 의미 있는 새로운 길이 될 거라고 봐요. 앞으로 그런 기회를 직접 개척해 보고 싶습니다.

AI 시대, 아나운서 직업은 어떻게 변화할까요?

📁 AI 시대, 아나운서라는 직업은 앞으로 어떻게 변화할까요?

📁 아나운서는 우리나라와 몇몇 나라에만 존재하는 비교적 특수한 직업군입니다. 그래서 변화의 흐름에 더 민감할 수밖에 없다고 생각해요. 전문 방송인을 한 방송사에 소속된 형태로 묶어 두는 것이 과연 지금의 미디어 환경에서도 합리적인가에 대한 의문도 점점 커지고 있고요.

요즘은 채널이 너무 많아졌고, OTT와 SNS까지 플랫폼이 계속 확장되고 있잖아요. 이런 상황에서 한 방송사가 특정 인물을 장기간 붙잡아 두는 방식이 과연 효율적인가에 대한 문제 제기도 자연스럽게 나옵니다. 이 부분은 앞으로 분명히 변화가 있을 거라고 봐요. 그리고 AI 이야기를 빼놓을 수 없죠. 요즘은 어떤 직종이든 AI가 화두잖아요. 이미 AI 앵커가 등장했고, 방송사 내부에서도 도입 여부를 두고 실질적인 논의가 이루어지고 있습니다. 방송국은 쉬는 날이 없습니다. 새벽이나 심야에 사건·사고가 발생하면 아나운서들이 바로 투입되어야 하고, 그래서 '숙직'이라는 근무 형태도 존재하죠. 만약 AI가 도입된다면 이런 비상 상황 대응은 어느 정도 대신할 수 있을 거라고 생각해요.

이미 인공지능^AI은 의사 처방, 법률 판단 보조, 데이터 분석까지 영역을 넓히고 있잖아요. 그렇다면 방송 역시 기술적으로는 충분히 대체 가능하다는 의견이 나오는 것도 자연스러운 흐름입니다.

하지만 저는 감성을 다루는 영역, 특히 예술의 영역만큼은 AI가 완전히 대체하기 어렵다고 생각해요. 요즘은 AI가 음악도 만들 수 있지만, 그 음악이 인간의 감정까지 온전히 대체할 수 있느냐는 전혀 다른 문제잖아요.

방송은 순간의 감정, 즉흥적인 반응, 대본에 없는 말 한마디 같은 인간적인 요소가 굉장히 큰 비중을 차지합니다. 그래서 저는 방송을 현대 사회의 하나의 예술 영역이라고 생각해요. AI 방송인을 만들어 보조적인 역할로 활용하는 것은 가능하겠지만, 그 존재가 과연 사람들에게 '진짜 사랑받는 존재'가 될 수 있을지는 의문입니다. 이미 AI 가수, AI 배우, AI 모델이 여러 차례 등장했지만, 어느 선 이상을 넘지는 못했잖아요.

특히 라디오는 감성의 영역이에요. 같은 사연을 읽어도 DJ마다 느끼는 감정, 목소리 톤, 표현 방식이 모두 다르죠. 이걸 하나의 AI로 정형화한다는 건 현실적으로 매우 어렵다고 봄니다. 그래서 이런 영역은 사람의 일을 완전히 대체하기보다는 끝까지 인간의 몫으로 남을 가능성이 크다고 생각해요. 오히려 저는 AI가 대중화될수록 인간의 감정을 다루는 역할은 더 중요해질 것이라고 봅니다. 기술이 발전할수록 더 '사람다운 것'을 원하게 되니까요.

편 이미 새벽 시간대 음악 프로그램 등에는 AI가 도입된 사례가 있다고 들었습니다.

이 네, 그런 사례는 있습니다. 새벽 2~3시쯤 AI가 선곡해서 음악만 틀어 주는 프로그램이 이미 운영되고 있다고 들었어요. 내레이션은 없고요. 이처럼 단순 반복 기능이나 자동화된 역할은 앞으로 AI가 충분히 대체할 수 있을 거라고 생각합니다.

ANNOUNCER

아나운서의 세계

아나운서의 업무 순서는 어떻게 되나요?

편 아나운서의 업무는 구체적으로 어떤 순서로 진행되나요?

이 제가 직접 진행했던 〈열린음악회〉를 예로 들어 설명해 볼게요. 모든 아나운서 프로그램이 이렇다는 뜻은 아니고, 하나의 사례로 참고해 주시면 좋을 것 같습니다.

① 기획 회의

매주 작가와 PD가 모여 해당 회차의 주제를 정하는 회의를 합니다. 예를 들어 이번 주 주제가 '90년대 음악'이라면, 그 주제에 맞는 가수들을 섭외하게 되죠. 섭외는 출연자들의 스케줄에 따라 제한이 있기 때문에, 가능한 가수들 가운데 조율을 거쳐 최종 출연자 리스트를 확정합니다.

② 큐시트Cue Sheet 작성

확정된 출연자 자료를 바탕으로 작가가 공연 순서를 구성하고, 큐시트(방송 제작에 참여하는 모든 이들을 위해 진행 순서와 신호를 정리한 표)를 작성합니다.

③ 원고 전달 및 사전 준비

녹화 하루 전, 원고가 저에게 전달됩니다. 저는 그 원고를 보면서 다음 날 출연하는 가수들을 미리 파악해요. 평소 좋아하던 가수라면 개인적인 감상이나 기억을 떠올려 보고, 잘 모르는 가수라면 음악이나 활동 이력을 따로 공부하기도 합니다.

④ 녹화 당일 리허설

녹화 당일 아침에는 미용실에 가서 헤어와 메이크업을 받고, 점심을 먹은 뒤 오후 4시쯤 카메라 리허설을 시작합니다. 이 리허설은 실제 녹화와 거의 똑같이 진행돼요. 가수들도 헤어와 의상, 동선까지 모두 실제 녹화처럼 준비한 상태에서 처음부터 끝까지 리허설을 합니다. 관객만 없을 뿐이죠.

⑤ 본 녹화

약 한 시간 정도 리허설을 한 뒤 잠시 휴식을 갖고, 저녁 7시 30분에 본 녹화가 시작됩니다. TV 프로그램은 대부분 리허설을 거치지만, 음악 프로그램은 특히 더 세밀하게 진행됩니다. 교양·시사 프로그램은 멘트 위

주라 리허설을 비교적 간단히 할 수 있지만, 음악 프
로그램은 실제 연주와 노래를 모두 들어보게 되거든
요. 관객 없이 '나만의 콘서트'가 열리는 느낌이랄까요.

편 진행자분들은 리허설이나 본 녹화 중에 음악을 모두 감
상하시나요? 다음 순서를 준비하느라 자리를 비우실 줄 알
았습니다.

이 다음 멘트를 한 번 더 점검하는 정도이고, 멘트 준비는
대부분 미리 해두기 때문에 실제로는 음악을 거의 다 듣고
있어요. 저는 음악 듣는 걸 아주 좋아하거든요. 듣다 보면 그
순간에 떠오르는 멘트가 있는데, 그런 건 상황에 맞게 자연
스럽게 덧붙이기도 합니다.

편 작가가 작성한 원고에 진행자의 의견을 추가하는 것도
가능한가요?

이 가능합니다. 저는 그냥 자연스럽게 하게 됐던 것 같아요.
녹화 현장에서는 일일이 "이 문장 바꾸겠습니다"라고 보고할
시간도 없고요.

편 녹화가 끝난 뒤 별도의 평가 회의는 없나요? 혹시 NG가

🎤 〈열린음악회〉 국제 관세의 날 기념 특집

목소리로 사람들의 마음을 여는
아나운서

🎤 〈열린음악회〉 무대 뒤에서

나면 어떻게 처리하시는지도 궁금합니다.

🔘이 보통은 바로 끝납니다. 녹화 시간이 굉장히 길거든요. 저는 오후 2시부터 준비를 시작하고, 가수들은 그보다 훨씬 일찍 와서 음향 리허설과 카메라 리허설까지 두 차례의 리허설을 거칩니다. 모두가 너무 지쳐 있어서 끝나면 바로 귀가하는 분위기예요. 논의할 게 있다면 별도의 시간을 잡아 회의 형식으로 이야기하고 녹화 중간에 NG가 나면 그 부분은 다시 찍고 편집하면 됩니다. 녹화 방송이기 때문에 가능한 방식이죠.

아나운서가 가장 많이 만나는 직업군은 누군가요?

편 아나운서가 업무상 가장 자주 마주하는 직업군은 누구인가요?

이 아무래도 PD, 작가, 카메라 감독, 출연자처럼 방송과 직접 관련된 사람들을 가장 많이 만납니다. 그중에서도 실제로 가장 자주 접하는 사람은 PD와 작가예요. 방송을 준비하면서 사전 미팅을 하고 프로그램의 방향이나 흐름을 함께 논의하다 보니, 자연스럽게 가장 많은 시간을 함께 보내게 됩니다.

그러다 보니 작가나 PD와는 사적으로도 친해지는 경우가 많아요. 워낙 오랜 시간 함께 일하고, 현장에서 감정을 공유하는 순간도 많거든요.

또 이런 관계는 지금 맡은 프로그램에만 국한되지 않습니다. 방송 현장은 대부분 한 프로그램에만 머무르지 않고 새로운 프로그램으로 계속 이동하잖아요. 그래서 함께 일하며 신뢰를 쌓아둔 작가나 PD가 새 프로그램을 기획할 때 다시 연락을 주는 경우도 많습니다. 어떤 프로그램을 맡든지 그 순간에 최선을 다하고, 좋은 관계로 남는 것이 정말 중요하다고 느껴요.

돌이켜보면 신입 시절에 진행했던 작은 뉴스 프로그램을 좋게 봐주신 선배들의 추천으로 〈KBS 뉴스 9〉 메인 뉴스 앵커 자리에 설 기회를 얻기도 했고, 지방 근무 시절 제주KBS에서 했던 방송을 눈여겨본 분들이 제가 서울로 복귀했을 때 다시 캐스팅해 준 사례도 있었습니다.

편 아나운서의 실제 업무 강도는 어느 정도인가요?

이 솔직히 말하면 센 편이에요. 이런 환경을 즐길 수 있다면 괜찮지만, 무대 공포가 있거나 긴장감을 크게 느끼는 사람에게는 상당히 힘들 수 있습니다.

특히 〈열린음악회〉는 늘 수많은 관객 앞에 서야 하는 프로그램이잖아요. 무대 뒤에서 대기하다가 입장할 때 몰려오는 긴장감이 매번 정말 컸어요. 압박감의 강도는 분명히 세지만, 그 긴장감 자체를 즐길 수 있는 순간도 있어서 힘듦과 즐거움이 공존하는 '아이러니한 직업'이라고 느낍니다.

편 일이 가장 몰리는 '성수기'가 있나요?

이 선거철이 가장 바쁜 시기예요. 선거 방송에는 진행자, 분석가, 대담자, 결과 발표 등 여러 역할이 필요하기 때문에 많은 아나운서가 동시에 투입됩니다.

또 연말연시도 각종 특집 방송이나 성금 모금 방송 등으로 바쁜 시기죠. 한마디로 말하면, 남들이 쉬는 시기가 가장 바쁜 때라고 보시면 됩니다.

개인적으로는 신입 시절이 가장 바빴던 것 같아요. 처음 입사하면 많은 기회를 주기 때문에 다양한 프로그램에 투입됩니다. 그래야 각자의 가능성을 보고 적합한 프로그램에 발탁할 수 있으니까요. 보통 입사 초기 몇 년이 업무량도 가장 많고, 가장 바쁘게 흘러갑니다.

편 저는 개인적으로 시청자들에게 친숙한 아나운서가 제일 바쁘지 않을까 생각했어요.

이 그럴 수도 있지만, 방송의 양으로만 보면 신입 아나운서가 훨씬 더 바쁩니다. 경험이 쌓이면 특정 프로그램에 고정되거나 전문 분야가 생기면서 출연 범위가 자연스럽게 좁혀지거든요. 반면 신입 때는 뉴스, 교양, 예능, 행사 등 모든 장르를 두루 경험하게 됩니다. 그래서 전체 방송량은 신입 아나운서가 가장 많은 편이에요.

진행하기 힘들었던 프로그램이 있나요?

편 수많은 프로그램을 거치셨는데, 유독 진행하기 힘들었던 프로그램이 있었나요?

이 제가 진행했던 프로그램 중에서는 〈KBS 뉴스 9〉가 심리적으로 가장 힘들었던 것 같아요. 〈KBS 뉴스 9〉는 방송사에서 가장 무게감 있는 뉴스이기도 하고, 정치 뉴스나 사고, 재난·재해 소식을 끊임없이 전달해야 하잖아요. 좋은 소식만 전하고 싶지만, 사람들이 듣고 싶지 않아도 반드시 알아야 할 뉴스를 계속 전해야 한다는 점이 정신적으로 쉽지 않았습니다. 특히 힘들었던 시기가 두 번 있었어요.

첫 번째는 2012~2013년경 군 내 폭력 사건이 연이어 사회적 문제로 떠올랐던 시기입니다. 잔혹한 수법을 구체적으로 전달해야 하는 상황이 감정적으로 정말 힘들었지만, 매우 중요한 이슈였기에 보도를 멈출 수 없었죠. 다행히 〈KBS 뉴스 9〉에서 지속적으로 다루면서 많은 국민이 이 문제를 엄중하게 인식하고 관심을 갖게 되었습니다. 군 내 사건·사고는 사실 그보다 훨씬 많이 발생하지만, 모든 사건이 이처럼 사회적 공론화가 되지는 않으니까요. 그 사건은 워낙 충격적이라 분노와 슬픔이 동시에 밀려왔고, 그 이야기를 매일 전해야 하는 과정은 참으로 고통스러웠습니다.

두 번째로 가장 힘들었던 건 세월호 참사 보도 시기였어요. 전 국민이 큰 충격을 받았던 사건이었죠. 당연히 〈KBS 뉴스 9〉의 중심 보도였고, 매일같이 그 뉴스를 다뤄야 했기에 사고를 당한 분들과 유가족의 상황을 지켜보는 것 자체가 매우 고통스러웠습니다. 당시에는 보도와 관련해 방송사 내부적으로도 많은 혼란과 어려움이 있었고, 정정 보도 등으로 시청자들의 질타를 받는 일도 잦았어요. 그 시기를 지나며 '뉴스를 한다는 게 이렇게 힘든 일이구나'라는 걸 뼈저리게 느꼈습니다. 〈KBS 뉴스 9〉가 가진 무게도 다시 한번 절실히 체감했고요. 솔직히 말하면 저 역시 그 시기를 겪으며 마음이 많이 무너졌던 것 같아요. 어쩌면 온 국민이 함께 우울한 시간을 보내던 때였겠죠.

그리고 뉴스라는 것이 웃으면서 전달할 수 있는 내용이 생각보다 많지 않다는 사실이에요. 미담이나 따뜻한 소식은 대개 뉴스에서 큰 비중을 차지하지 못하고, 주요 뉴스의 대부분은 사건과 사고, 갈등과 비극입니다. 그런 뉴스를 매일 전하다 보면 감정이 점점 마모되고 마음이 피폐해진다는 느낌을 받을 때도 있었어요.

아나운서로서 가장 노력하는 부분은 무엇인가요?

편 아나운서로서 가장 치열하게 노력하는 부분은 무엇인가요?

이 KBS 아나운서들은 '우리말 지킴이'라는 자부심을 갖고 있어요. 그래서 무엇보다 정확한 한국어 사용에 가장 신경을 씁니다. 사소한 표현 하나, 발음 하나라도 틀리면 안 되기 때문에 방송할 때는 평소보다 훨씬 더 집중하게 돼요. 말이 곧 기록으로 남는 직업이니까요. 입사 준비를 할 때는 한국어를 비교적 체계적으로 공부하지만, 막상 입사하고 나면 따로 공부할 시간을 내기가 쉽지 않습니다. 그래서 저는 방송 중이나 준비 과정에서 '이 표현이 맞나?' 하는 의문이 드는 순간이 오면 그때그때 바로 찾아보는 편이에요. 국립국어원 자료를 참고하거나 대본을 다시 확인하며 체크합니다. 찾아본 내용은 제 나름대로 정리해 두고요. 별도의 공부 시간을 내기보다, 필요할 때 즉시 찾아서 기록하는 방식으로 공부를 이어가고 있는 셈이죠.

또 하나 늘 조심하는 건 잘못된 한국어 표현을 사용하지 않는 것입니다. 발음이나 표현 하나하나가 방송 기록으로 남기 때문에 항상 경계심을 가지고 임하게 됩니다.

방송 외적으로 신경 쓰는 부분도 있습니다. 아무래도 공영 방송 아나운서이다 보니 개인의 행동이나 태도 역시 늘 조심하려고 노력하게 돼요. 타 방송사에 비해 KBS 아나운서에게는 조금 더 엄격한 기준이 적용된다고 느낄 때도 있습니다. 예를 들어 요즘은 SNS를 통해 개인의 삶을 과시하는 문화가 보편적이지만, 공영 방송 아나운서의 이미지와는 어울리지 않는다고 생각해요. 실제로 그런 모습에 불편함을 느끼는 시청자분들도 있고요. 쉬운 일은 아니지만, 공영 방송 아나운서로서 말뿐 아니라 행동에서도 품위를 잃지 않으려 노력하는 것, 그것이 제가 가장 중요하게 생각하는 본질입니다.

스트레스는 어떻게 해소하세요?

편 아나운서라는 직업 특성상 스트레스가 많을 텐데, 어떻게 해소하시나요?

이 저는 외적인 활동이 효과적이더라고요. 정신적인 스트레스일수록 몸을 쓰는 게 도움이 돼서 운동을 많이 했습니다. 다만 헬스처럼 같은 동작을 반복하는 운동은 오히려 또 다른 스트레스로 느껴졌어요. 그래서 댄스나 테니스, 등산처럼 야외에서 할 수 있고 즐거움이 따르는 운동을 주로 했습니다. 몸을 움직이다 보면 생각이 끊기고 잠시라도 머리를 비울 수 있어서 스트레스 해소에 큰 도움이 됩니다.

댄스는 대학생 때부터 취미로 간간이 해 오던 운동이고, 몇년전부터는 테니스를 배우기 시작했어요. 테니스는 정말 매력적인 운동이에요. 일단 습득하기가 무척 까다로워 익숙해지는 데도 시간이 오래 걸리고 진입장벽이 높은 편이죠. 하지만 그래서 오히려 더 잘해보고 싶고, 도전하는 재미가 큽니다.

등산도 많이 했어요. 동료 아나운서들과 함께 주말마다 서울에 있는 산들을 하나씩 정복해 나가는 재미가 있었죠. 숨이 차고 땀이 날 정도로 몸을 완전히 연소시키는 운동들이

스트레스 해소에는 특히 효과적이었던 것 같습니다.

이런 운동들은 매일 하기가 어렵기 때문에, 집에서는 간단한 스트레칭을 했습니다. 매일 스트레칭을 해주면 몸의 긴장이 확실히 풀려요. 특히 생방송 전에는 목과 어깨를 풀어주는 스트레칭을 꼭 하려고 노력합니다. 얼굴 근육을 이완하는 스트레칭도 필수고요. 입을 크게 벌려 '아-에-이-오-우'를 정확한 발음으로 여러 번 반복하는 아주 기본적인 방법이에요. 반신욕도 긴장을 완화하는 데 효과적이라 자주 활용하곤 합니다.

스트레스 해소 방법은 아나운서마다 정말 다양해요. 에너지가 넘치는 사람들이 많아서 더 그런 것 같습니다. 벨리댄스Belly Dance나 줌바 댄스Zumba Dance를 배우는 사람도 있고, 골프를 수준급으로 치는 분들도 많습니다. 악기 연주나 노래를 즐기다 음반 발매로까지 이어지는 경우도 있고요. 요리에 일가견이 있어 요리책을 낸 선배도 있고, 그림을 그리는 분도 계세요.

요즘에는 러닝이 유행이잖아요. 국내 마라톤을 넘어 해외 마라톤 대회까지 출전하는 선배도 있습니다.

이직이나 전직이 많은가요?

편 아나운서 직군은 방송국 내 타 직종에 비해 이직이나 전직이 잦은 편인가요?

이 거의 없다고 봐도 됩니다. 아나운서는 애초에 방송을 하고 싶어 선택하는 특수한 직군이거든요. 그래서 '방송이 적성에 안 맞으니 다른 일을 해봐야겠다'라며 내부 이직을 고민하는 경우는 많지 않아요.

사실 방송국 내부를 보면 기자나 PD 등 타 직군은 부서 간 전직이 종종 있는 편이지만, 유독 아나운서만은 다른 부서로 발령이 나면 무척 힘들어하는 경우가 많습니다. 오로지 '방송' 그 자체를 위해 입사한 사람들이기 때문이죠. 만약 정말로 방송이 적성에 맞지 않는다고 느낀다면, 사내 이직을 꾀하기보다 비교적 이른 시기에 퇴사를 선택합니다. '내가 생각했던 길은 아니었구나' 하고 스스로 삶의 방향을 정리하는 경우죠. 그래서 전체적으로 보면 아나운서의 내부 전직이나 이직은 거의 없다고 보셔도 무방합니다. 대신 방송사 소속을 떠나 프리랜서로 전향하는 경우가 상대적으로 더 많은 편이에요.

방송 관련 직업은 계속 인기가 있을까요?

편 방송 관련 직업은 미래에도 지금처럼 인기가 있을까요?

이 저는 방송인이라는 직업이 앞으로도 계속 인기가 있을 거라고 생각해요. 그 이유는 아주 단순합니다. 인간의 본성과 맞닿아 있기 때문이에요. 누구나 자신을 표현하고 싶고, 드러내고 싶고, 타인에게 인정받고 싶은 욕구를 갖고 있잖아요. 과거에는 이런 욕구가 어느 정도 억제되던 시대도 있었지만, 지금은 SNS를 통해 자기표현이 너무나 자연스럽고 당연한 시대가 됐습니다. 그런 의미에서 방송인은 '자기표현의 공식적인 형태'라고 볼 수 있어요. 그래서 방송 관련 직업은 시대가 변해도 계속해서 사람들의 관심을 받을 것이라 확신합니다.

오히려 지금은 누구나 방송을 할 수 있는 시대이기에 더 그렇다고 느껴요. 그만큼 표현의 통로가 많아졌고, 그 안에서 전문성을 갖춘 방송인의 역할은 형태를 바꾸며 계속 필요해질 겁니다. 미디어 환경이 변화하면서 아나운서의 역할 또한 앞으로는 훨씬 더 다양해질 것으로 봅니다. 지금은 방송사라는 틀 안에서의 제약이 크지만, 앞으로는 유튜브나 OTT 등 다양한 플랫폼을 넘나들며 활동하는 방식이 더욱 자연스러워지지 않을까요? 실제로 이미 자신만의 채널을 운영하는 아나운서들도 많고요.

아무리 시대가 변해도 자신을 드러내고 싶은 욕망, 타인에게 인정받고 싶은 욕구, 유명해지고 싶은 마음은 사라지지 않는 인간의 본성입니다. 그래서 방송 관련 직업은 사라지기보다 여러 형태로 진화하며 계속해서 주목받을 것이라 확신합니다.

아나운서의 일과는 어떻게 되나요?

편 아나운서의 일과는 어떻게 진행되나요?

이 아나운서의 근무 시간은 각자 맡은 프로그램에 따라 모두 다릅니다. 크게 나누면 조근, 일근, 석근 세 가지 근무 형태가 있어요.

조근은 아침 방송을 맡은 아나운서의 근무로, 보통 새벽 4시부터 정오쯤까지 일합니다. 일근은 일반적인 사무직과 유사한 형태로 오전 9시부터 오후 6시까지 근무하며, 석근은 점심 이후에 출근하는 형태입니다. 제가 〈KBS 뉴스 9〉를 진행할 때는 석근이었는데, 오후 2시에 출근해 뉴스가 끝난 뒤인 밤 10시쯤 퇴근했습니다.

대부분의 아나운서는 출근하면 가장 먼저 그날의 라디오 뉴스 배당을 확인합니다. 많은 분이 '아나운서는 맡은 프로그램만 하면 된다'라고 생각하시는데 사실은 그렇지 않아요. 아나운서는 시간대별 라디오 뉴스를 매일 교대로 진행합니다. 이건 특정인이 고정으로 맡는 게 아니라 그날그날 개인 스케줄에 따라 배당되기 때문에, 출근하자마자 '오늘 내가 몇 시 뉴스에 들어가는지'를 반드시 확인해야 합니다.

그다음에 각자의 방송 준비를 위해 분장을 받고 의상을

맞추며, 때로는 리허설을 하기도 하죠. 막상 출근하면 하루가 정말 쉴 틈 없이 돌아갑니다. 제가 〈KBS 뉴스 9〉를 맡았을 때의 일과를 예로 들어 설명해 볼게요.

메인 뉴스 진행자의 하루는 분 단위로 치열하게 돌아갑니다.

14:00 | 출근 및 보도국 회의 참여

그날의 보도 방향과 주요 뉴스 아이템을 공유하며 뉴스의 밑그림을 그립니다.

15:30 | 모니터링

신문과 타사 뉴스를 꼼꼼히 살피며 시사 흐름을 놓치지 않도록 공부합니다.

16:00 | 분장 및 의상 준비

뉴스 내용에 맞춰 의상을 선정합니다. 재난이나 참사 등 무거운 소식이 많은 날에는 밝은색 의상은 피합니다.

17:00 | 저녁 식사 및 예고 영상 촬영

구내식당에서 식사를 하고 식사가 끝나면 바로 본격적인 뉴스 준비가 시작됩니다. 〈KBS 뉴스 9〉 예고 영상을 촬영하고, 헤드라인 뉴스도 녹음합니다. 요즘은 뉴스 내에 사전 인터뷰나 심층 취재 코너가 많아서 미리 녹화를 진행하는 경우도 많아요.

19:00 | 앵커 멘트 작성 및 데스크 승인

모든 사전 녹화가 끝나면 이제 앵커 멘트 작성에 들어갑니다. 작성해야 할 분량이 꽤 많아서 뉴스 직전까지 원고를 다듬는 경우도 흔해요. 작성한 멘트를 데스크(〈KBS 뉴스 9〉 보도국 담당 부장)에게 보내면, 검토를 거쳐 최종 승인을 받게 됩니다. 그제야 비로소 〈KBS 뉴스 9〉의 원고가 완성되는 것이죠.

생각보다 쉴 틈이 없죠? 참고로 〈KBS 뉴스 9〉 앵커는 업무 강도가 워낙 높고 중간에 여유 시간이 거의 없기 때문에, 앞서 말씀드린 라디오 뉴스 배당에서는 대부분 제외되는 편입니다.

방송 사고가 난 적도 있나요?

 방송 활동 중 잊지 못할 방송 사고나 실수가 있었나요?

 방송 사고요? 많죠. 기억에 남는 실수를 몇 가지 말씀드리면, 먼저 〈열린음악회〉 때 일이에요. 음악회 진행자의 가장 중요한 역할은 '다음 출연자와 곡을 정확하게 소개하는 것'인데, 그걸 틀린 적이 있어요. 제가 그 프로그램을 맡은 지 얼마 안 됐을 때라 굉장히 긴장하던 시기였거든요.

그날 출연한 팀이 '노브레인'이었는데, 제가 긴장한 나머지 "다음 무대는 '노라조'입니다!"라고 당당하게 외쳐버린 거예요. 객석이 웅성웅성했는데, 저는 제가 실수한 줄도 모르고 무대를 내려왔죠. 현장에서 스태프가 "왜 노라조라고 했느냐"고 다급하게 알려줘서 그제야 상황을 파악했습니다. 아티스트에게 너무 죄송했고, 얼굴이 정말 화끈거려 쥐구멍에라도 숨고 싶은 심정이었어요. 노브레인 멤버들에게 몇 번이나 사과를 드렸는데, 다행히 웃으며 너그럽게 받아주셨습니다.

두 번째는 청와대에서 〈열린음악회〉를 생방송으로 진행했을 때의 일이에요. 원래 〈열린음악회〉는 녹화 방송 위주지만, 당시에는 현장감을 살리기 위해 저녁 7시 생방송으로 기획되었습니다. 장소가 청와대라는 점만으로도 부담이 큰데, 생방송까지 겹치니 평소보다 훨씬 더 긴장되더군요.

그날 출연진 중에는 '투모로우바이투게더'가 있었어요. 이름이 다소 길고 생소하다 보니 입에 착 붙지 않았습니다. 평소에는 줄임말인 '투바투'라고 편하게 불렀지만, 방송에서는 공식 명칭을 정확히 말해야 하니까요. 리허설 때도 "투바투… 아니, 투모로우 바이…"하며 계속 말을 더듬었고, 불안한 예감은 틀리지 않아 결국 생방송에서도 발음이 꼬이고 말았습니다.

방송에서 찰나의 더듬거림은 곧바로 실수가 됩니다. 그 짧은 정적의 순간이 제게는 영겁처럼 길게 느껴졌고, 생방송이라는 특수성 때문에 압박감이 더 크게 다가왔습니다. 비록 큰 방송 사고는 아니었지만, 지금까지도 그때를 생각하면 아찔한 기억으로 또렷이 남아 있습니다.

끝으로 〈열린음악회〉 의상 때문에 생긴 사고도 있었어요. 그날 입었던 드레스는 자락이 치렁치렁하고 비즈가 많이 달린 옷이라 무게가 꽤 나갔거든요. 무대 뒤에서 대기하다가 등장하려고 한 걸음 내딛는 순간, 드레스 밑단을 밟아서 그대로 넘어졌어요. 머리를 부딪힐 정도로 완전히 '꽈당' 넘어졌죠.

몸도 너무 아팠지만, 무엇보다 관객이 정말 많았던 날이라

너무 창피했어요. 카메라 감독님의 도움으로 겨우 일어날 수 있었고요. 그 이후로는 절대 그렇게 거추장스러운 의상은 입지 않습니다. 무대는 웨딩드레스를 입을 때처럼 누군가 뒤에서 옷자락을 잡아줄 수 있는 환경이 아니잖아요. 진행자 혼자서 온전히 감당할 수 있는 옷을 입어야 한다는 걸 그날 확실히 배웠어요.

〈열린음악회〉는 어떤 프로그램인가요?

편 아나운서님께 〈열린음악회〉는 가장 상징적인 프로그램인 것 같습니다.

이 아무래도 가장 오래 맡았던 프로그램이라 더 그렇게 느껴지는 것 같아요. 그래서 에피소드도 정말 많고요. 〈열린음악회〉를 진행하는 동안 결혼도 했고, 임신도 했어요. 매주 한 번씩 녹화를 이어가다 보니 시간이 그렇게 빠르게 흐르는 줄도 몰랐는데, 돌이켜보니 제 30대의 소중한 시간 대부분을 이 프로그램과 함께 보냈더라고요. 그래서 더 기억에 남고, 제 인생과 깊이 연결되어 있는 프로그램입니다.

편 유독 기억에 남는 회차나 에피소드가 있나요?

이 늘 즐거웠지만, 하나를 꼽자면 차태현 씨가 출연했던 회차가 특히 기억에 남아요. 제가 학창 시절에 영화 〈엽기적인 그녀〉를 정말 좋아했거든요. 고3 때였는데도 영화관에 가서 볼 정도였어요. 차태현 씨와 전지현 씨의 팬이어서 '언젠가 방송을 하며 직접 만나볼 수 있을까?' 막연히 생각만 했는데, 그 꿈이 이루어진 거죠.

그날은 가수 홍경민 씨 때문에 특별 출연하신 거였는데,

제가 진행자로서 직접 소개를 하게 되니 정말 신기했어요. 그 순간 '아, 나 성공했구나!'라는 생각이 들더라고요. 차태현 씨에게 학창 시절부터 팬이었다고 말씀드렸더니 정말 좋아하시며 고맙다고 해주셨어요. 그 장면이 아직도 기억에 생생합니다. 이제 전지현 씨만 만나면 되겠네요.

〈열린음악회〉는 정말 특별한 프로그램이에요. 우리나라 지상파 방송 중 전 세대를 아우르는 유일한 음악 프로그램이거든요. 덕분에 부모님께서 좋아하시던 가수분들도 직접 만날 수 있었어요. 이미자 선생님께서 특집으로 출연해 주셨을 때는 정말 감동이었죠. 부모님이 늘 듣던 노래의 주인공을 제가 진행자로서 소개하고, 바로 눈앞에서 그 노래를 들을 수 있었으니까요.

〈열린음악회〉를 오래 진행하다 보니 각종 음악회를 맡을 기회도 많아졌어요. 매년 연말에는 보신각 타종 행사와 연계된 음악회를 진행하느라, 12월 31일 마지막 날과 1월 1일 새해를 늘 방송국 스튜디오에서 맞이해야 했죠. 주위 사람들이 힘들지 않냐고 물었지만, 지금 돌이켜보면 굉장히 행복한 경험이었습니다.

연초에는 '예술의전당'에서 열리는 신년 음악회를 진행하기도 했고요. 한 해를 마무리하고 새해를 여는 그 상징적인 순

목소리로 사람들의 마음을 여는
아나운서

간들을 늘 음악과 함께했다는 사실이 제게는 큰 축복이자 보람이었습니다.

배우 안성기 님의 부고를 접했을 때, 유니세프에서 주최한 후원 음악회를 함께 진행했던 시간이 자연스럽게 떠올랐습니다. 대학교 선배님이시기도 했는데, 처음 뵈었을 때 제가 같은 학교 후배라는 사실을 아시고는 오히려 먼저 다정하게 말을 걸어 주셨던 기억이 납니다. 정말 따뜻하고 인자한 분이셨어요. 그래서인지 너무나 귀한 분이 일찍 떠나신 것 같아 마음이 더 아팠습니다.

음악회를 통해 이덕화 님, 신동엽 님, 최불암 선생님, 그리고 송해 선생님까지 정말 많은 분과 호흡을 맞출 수 있었습니다. 그분들과 같은 무대에 서서 대화를 나누고, 노래를 듣고, 관객과 함께 호흡했던 경험들은 단순한 방송 경력을 넘어 제 인생을 한층 더 깊게 만들어 준 소중한 순간들이었어요. 아나운서로서의 커리어뿐만 아니라, 저의 삶 전반이 훨씬 풍부해졌다는 느낌이 듭니다.

아나운서는 개성이 강할 것 같아요

편 아나운서분들은 제각각 개성이 매우 강할 것 같습니다.

이 정말 그래요. 아나운서들을 보고 있으면 '사람들이 이렇게까지 다를 수 있구나'라는 생각을 매일 하게 됩니다. 다만 공통점이 하나 있다면, 방식은 저마다 달라도 자기 관리를 정말 열심히 한다는 점이에요. 저처럼 테니스나 댄스, 등산 같이 몸을 쓰는 활동을 즐기며 에너지를 발산하는 사람이 있는가 하면, 반대로 글을 쓰거나 책을 읽고 그림을 그리며 내면을 깊이 파고드는 분들도 있어요. 취미나 자기 관리 방식이 각자의 성향에 맞춰 굉장히 다양하게 나타나는데, 결국 그것이 각자의 삶을 지탱하는 리듬과 패턴이 되는 것 같습니다.

편 아나운서라면 평소 독서량도 상당할 것 같은데, 실제로는 어떤가요?

이 그건 정말 사람마다 달라요. 회사에서 따로 독서 시간을 갖는 건 아닙니다. 입사하면 바로 실전에 투입되기 때문에 스스로 정비할 시간은 사실 많지 않거든요. 각자 개인 시간을 쪼개어 읽고, 배우고, 준비해야 하죠. 그래서 책을 꾸준히 읽는 분들이 있는가 하면, 그렇지 않은 분들도 있습니다. 다만 대부분 학창 시절에는 어느 정도 독서를 해 온 편이에요. 흔히 말하는 '명작 필독서' 같은 것들 있잖아요. 그런 기본적인 독서 경험과 인문학적 소양은 대체로 갖추고 있다고 느껴요.

발성이나 호흡 훈련은 어떻게 하나요?

편 아나운서만의 특별한 발성이나 호흡 훈련법이 있나요?

이 거의 매일 방송을 하다 보니 그 자체가 훈련이 되는 면이 있어요. 특별한 트레이닝을 따로 받기보다는 매일 말하는 일 자체가 곧 연습이 되는 셈이죠. 다만 방송 전 준비 운동은 반드시 합니다. 입 주변과 얼굴 근육을 충분히 풀어주려고 노력해요. "아-에-이-오-우" 같은 기본 발음 연습을 하며 입을 크게 움직이고, 말이 꼬이지 않도록 미리 풀어주는 거예요. 아주 기본적인 과정이지만 방송 직전에는 꼭 필요한 준비입니다.

편 나이가 들면서 목소리나 호흡에 변화를 느끼기도 하시나요?

이 저도 전문가는 아니라 구체적으로 설명하기는 어렵지만, 목소리는 나이가 들면 자연스럽게 변한다고들 하더라고요. 목소리는 성대 근육을 통해 나오는데, 근육도 결국 노화의 과정을 겪으니까요. 가수분들이 연륜에 따라 목 관리에 더 신경 쓰는 것처럼 아나운서도 비슷한 부분이 있는 것 같아요.

보통 50~60대쯤 되면 목소리 톤이 달라진다는 이야기를 많이 듣는데, 저는 그것이 세월에 따른 아주 자연스러운 변화라고 생각합니다.

그래서 저는 목을 건강하게 유지하려고 물을 정말 많이 마시는 편이에요. 그리고 담배 연기가 제 목에는 특히 안 맞더라고요. 직접 흡연은 물론이고 간접흡연조차 목에 영향을 주는 것 같아서, 흡연 구역은 아예 근처에도 가지 않으려고 노력합니다.

말을 잘하는 훈련이 따로 있나요?

편 말을 잘하는 비결이 따로 있나요? 아나운서는 원래 타고 난 분들이 하는 직업인지 궁금합니다.

이 꼭 그렇지는 않아요. 아나운서들은 대부분 비교적 어린 나이에 입사하기 때문에, 처음부터 말을 완벽하게 잘하는 사람은 거의 없습니다. 스피치 학원이나 훈련의 도움을 받기도 하고, 무엇보다 방송 실전을 치르며 경험을 통해 실력이 느는 경우가 많아요. 정해진 공식 훈련이 따로 있는 건 아니지만, 말하기는 충분한 노력과 연습으로 향상될 수 있는 영역이라고 생각합니다.

물론 지원자들 대부분은 말하는 것을 좋아하고, 말하는 직업을 갖고 싶다는 열정을 가진 사람들이라 기본적으로 말을 잘하는 편이긴 해요. 하지만 저는 많은 사람이 말을 못하는 이유가 능력 부족이 아니라 '경험 부족'에 있다고 봅니다. 우리는 주입식 교육 환경에서 자라다 보니 발표나 스피치 기회를 충분히 갖지 못하잖아요. 그래서 말하기가 낯설고 어렵게 느껴지는 것이지, 적절한 훈련만 뒷받침된다면 누구나 충분히 나아질 수 있다고 생각합니다.

저 역시 말하기 훈련이 거의 안 된 상태에서 아나운서를 준비했어요. 처음 아나운서 학원에 가서 제가 말하는 모습을 카메라로 촬영해 보고는 '아, 내 실력이 이 정도구나'라는 걸 객관적으로 깨닫게 됐죠.

처음에는 말을 어떻게 해야 할지 몰라 그저 생각나는 대로 내뱉게 됩니다. 그러다 보면 앞뒤가 맞지 않고 주제에서 벗어나며, 같은 말을 반복하게 되죠. 그래서 말하기 전의 '준비'가 정말 중요합니다. 말할 주제에 맞춰 무엇을 이야기할지 미리 개요를 짜는 습관이 필요해요. 기-승-전-결 구조나 두괄식·미괄식 같은 기본적인 형식을 미리 설정해 두는 것도 큰 도움이 됩니다. 큰 틀을 먼저 만들고 그 안에 내용을 채워 넣는 방식이죠.

이렇게 말할 '대본'이 준비되면 그다음은 실전 연습입니다. 말하는 톤은 어떻게 할지, 어느 부분을 강조할지, 어디를 빠르게 혹은 천천히 말할지, 그리고 어디에서 호흡 pause 을 둘지도 미리 계산해 두어야 합니다. 특히 청중이 있는 말하기라면 포즈를 어디에 줄지 고민하는 게 중요해요. 청중의 반응을 살피고 집중을 유도하는 데 큰 힘이 되거든요. 포즈를 잘 활용하는 사람은 말에 여유가 있어 보입니다.

KBS 아나운서실은 신입 아나운서가 들어오면 '3분 스피치'라는 교육을 합니다. 발표 30분 전에 주제를 받고, 3분 분

량의 스피치를 준비해 선배들 앞에서 발표하는 방식이죠. 신입 시절 거의 매일 했던 기억이 납니다.

저는 처음이라 정말 힘들었어요. 잘 못해서 혼나기도 했고, 초기에는 앞뒤 두서없이 말했던 것 같아요. 하지만 회를 거듭하면서 '철저한 준비'가 핵심이라는 걸 깨달았습니다. 대본을 쓰고 사전 리허설을 거치는 법을 익히니 실력이 확실히 나아지더라고요.

겉으로 보기에는 즉흥적으로 말을 잘하는 사람도 사실은 보이지 않는 곳에서 엄청난 준비를 합니다. 이런 사전 준비가 습관이 되고 두터이 쌓일 때, 비로소 따로 준비하지 않아도 즉흥적으로 말을 잘하는 사람이 되는 거예요.

아나운서 직업을 묘사한 작품이 있나요?

편 아나운서의 세계를 묘사한 작품 중 기억에 남는 것이 있나요?

이 뉴스 진행자를 소재로 한 드라마나 영화는 꽤 많아요. 미국 드라마 〈뉴스룸The Newsroom〉도 있고, 조금 오래되긴 했지만 일본에서 방영했던 〈뉴스의 여자〉 같은 작품도 있습니다. 아나운서는 누구나 알고 있는 직업인 데다 화면에 직접 등장하는 인물이기 때문에, 드라마나 영화의 소재로 자주 활용되는 것 같아요.

대중에게 늘 노출되어 신뢰를 주는 직업이면서도, 그 이면에 치열한 보도 현장의 갈등과 개인적인 고뇌가 공존한다는 점이 창작자들에게는 매력적인 서사로 다가가는 듯해요.

편 개인적으로 가장 애착이 가는 작품은 무엇인가요?

이 제가 고등학생 때 봤던 드라마 〈이브의 모든 것〉이에요. MBC에서 방영했고 채림, 김소연, 장동건 씨가 출연했죠. 아나운서를 꿈꾸는 두 주인공이 함께 입사하며 벌어지는 방송국 이야기를 다룬 작품입니다.

당시 고등학교 2학년이었던 저는 아나운서를 꿈꾸던 터라

매회 빠지지 않고 챙겨 봤어요. 지금 생각하면 비현실적인 설정이 정말 많습니다. 일단 방송국 사장님이 장동건 씨라는 점부터 현실과는 거리가 멀죠.(웃음) 게다가 시기, 질투, 모함 같은 이른바 '막장' 요소도 많았고, 9시 뉴스 앵커 자리를 두고 처절하게 싸우는 장면도 나옵니다.

그걸 보며 '아나운서 세계는 정말 무서운 곳인가 보다'라고 생각했던 기억이 나요. 하지만 막상 들어와 보니 그렇게 무서운 곳은 아니더라고요. 물론 〈KBS 뉴스 9〉나 〈열린음악회〉를 맡을 때 오디션을 거치긴 하지만, 드라마처럼 권모술수를 쓰지는 않습니다. 선후배, 동료끼리 선의의 경쟁을 하는 분위기죠. 드라마 속 아나운서들처럼 모두가 욕심 많고 무서운 사람은 절대 아닙니다.

비교적 최근 작품 중에서는 SBS 드라마 〈질투의 화신〉이 인상 깊었어요. 엄밀히 말하면 아나운서만을 다룬 것은 아니고 방송국 전반의 세계를 그린 드라마인데, 제가 보기엔 가장 현실에 가까운 작품이었습니다. 뉴스를 만드는 기자와 PD, 아나운서, 기상캐스터 등 방송국 사람들의 모습이 골고루 등장하거든요. 특히 많은 분이 혼동하는 기상캐스터와 아나운서의 차이도 이야기 속에 자연스럽게 녹아 있습니다. 비정규직이었던 주인공이 정규직 아나운서 시험에 합격하는 과정이나 방송국 내부의 불평등, 정규직과 비정규직 간의 갈등 같은 현실적인 고민을 담아내려 노력한 흔적이 보였어요. 물론 이 역시 100% 사실이라 할 수는 없겠지만요.

마지막으로 아나운서를 직접적으로 다룬 작품은 아니지만, 제가 가장 좋아하는 드라마 한 편을 소개하고 싶어요. 바로 2008년 KBS에서 방영한 〈그들이 사는 세상〉입니다. 이 드라마는 아나운서가 아닌 드라마 PD들의 삶을 그린 작품이에요. 그래서인지 현직 PD들이 특히 아끼는 드라마이기도 하죠.

당시 저는 KBS 공채를 목전에 두고 있던 시기라 정말 열정적으로 시청했습니다. 아마 그때 함께 공채를 준비했던 동기들도 대부분 그랬을 거예요. 비록 아나운서는 등장하지 않지만, 방송국 사람들의 일상을 지극히 현실적으로 그려내어 깊이 와닿았거든요. 무엇보다 일과 사랑, 그 모든 것에 치열하게 부딪히며 살아가는 모습이 굉장히 멋지게 느껴졌습니다. 노희경 작가님 특유의 가슴을 울리는 대사들도 참 좋았고요.

공채 시험을 준비하다 보면 지치고 포기하고 싶은 순간이 참 많습니다. 그럴 때마다 이 드라마는 제게 '그래도 조금 더 버텨봐라'라고 조용히 응원을 건네주는 작품이었어요. 이 책의 서문에서도 인용한 구절이지만, 특히 마지막 회의 이 독백은 제 인생에 깊은 울림을 남겼습니다.

“아무리 우리가 아름다운 드라마를 만든다 해도, 우리가 사는 이 세상보다 더 아름다운 드라마를 만들 수는 없을 거야”

- 드라마 〈그들이 사는 세상〉

아무리 힘들고 내 삶이 보잘것없어 보일 때도, 결국 지금 이 순간이 내 인생에서 가장 빛나는 드라마라는 사실을 처음으로 일깨워 준 작품이었습니다.

ANNOUNCER

아나운서가 되는 방법

아나운서가 되는 다양한 방법이 궁금해요

 아나운서가 되는 구체적인 경로와 방법이 궁금합니다.

 보통 많은 분이 떠올리는 경로는 KBS, MBC, SBS 같은 주요 방송사의 공개 채용입니다. 공채는 1년에 한 번 열리기도 하고, 2년에 한 번 열리기도 하며, 때로는 몇 년 동안 아예 공고가 없을 때도 있어요. 공고가 올라오면 지원하여 필기, 실기, 면접 등 여러 단계를 거쳐야 최종적으로 입사할 수 있습니다.

다만 방송사가 지상파 3사만 있는 것은 아니잖아요. 전국에는 지역 방송국과 케이블 채널, 종편(종합편성채널) 등 다양한 형태의 방송사가 있고, 이곳들은 공채가 아닌 수시 채용이나 자체 전형을 통해 아나운서를 선발하기도 합니다.

특별 채용(특채) 형태로 입사하는 경우도 있습니다. 이처럼 아나운서가 되는 길이 단 하나만 있는 것은 아닙니다.

 채용 형태에 따라 처우나 방송 기회에서 차이가 큰 편인가요?

 처우는 방송사 규모나 계약 형태에 따라 조금씩 차이가 날 수 있어요. 하지만 노출 빈도 자체는 크게 다르지 않다고 생각해요. 요즘은 대형 방송사에 소속되어야만 화면에 많이 나올 수 있는 시대는 아니니까요.

다만 공채 아나운서는 '방송국 소속'이라는 명확한 정체성을 갖는다는 특징이 있고, 수시 채용은 각 방송사의 상황과 필요에 따라 선발된다는 정도로 이해하시면 될 것 같습니다. 어떤 경로든 결국 시청자와 만나는 마이크의 무게는 다르지 않습니다.

지역 방송국은 어떻게 운영되나요?

편 지역 방송국은 구체적으로 어떻게 운영되나요?

이 지상파 방송사는 보통 KBS, MBC, SBS 이렇게 세 곳으로 나뉘죠. 이 가운데 KBS와 MBC는 비슷한 구조를 가지고 있고, SBS는 민영 방송입니다. KBS와 MBC는 전국 단위의 방송 서비스를 제공하기 위해 각 지역에 지역 방송국을 직접 운영하고 있어요.

이러한 네트워크 구조 덕분에 공영 방송은 전국 어디서나 동일한 품질의 정보를 전달할 수 있는 기반을 갖추고 있어요. 시청자 입장에서는 비슷해 보일지 몰라도, 그 내면의 운영 철학과 공적 책임의 범위에는 각기 다른 특색이 담겨 있습니다.

방송이라는 건 원래 '브로드캐스트Broadcast', 즉 멀리, 널리, 모두에게 공평하게 전달하는 것이 기본 목적이잖아요. 그런데 방송 콘텐츠가 서울 중심으로 제작되다 보니, 지역 시청자들은 '늘 서울 이야기만 나온다'라는 소외감을 느끼기 쉽습니다. 그래서 지역의 생생한 목소리를 담아내기 위해 지역 방송국이 반드시 필요한 것이죠.

반면 SBS는 민영 방송이기 때문에 KBS나 MBC처럼 지역 방송국을 직접 운영하지는 않습니다. 대신 각 지역 사업자가 SBS와 네트워크 협정을 맺고 계열 형태의 지역 방송사를 따로 운영해요. 예를 들면 KNN(부산경남방송)이나 JIBS(제주방송) 같은 곳들이죠.

편 메인 뉴스 시간에도 지역 뉴스가 나오는데, 이것도 지역 방송국의 역할인가요?

이 맞습니다. 〈KBS 뉴스 9〉에는 지역 뉴스가 편성되는 시간대가 따로 있어요. 보통 뉴스 후반부에 지역 뉴스가 배치되는데, 그 시간에는 각 지역 방송국 소속 아나운서가 해당 지역의 소식을 전담하여 전합니다. 지역에 거주하시거나 여행 중에 그 지역 방송을 보신 분들은 이런 편성을 한 번쯤 접해 보셨을 거예요.

지역 뉴스에서는 그 지역에서 일어나는 화재나 교통사고, 각종 사건·사고처럼 전국 단위 뉴스에서 모두 다루기 어려운 세세한 이슈들을 지역 주민들에게 전달합니다. 이 모든 소식을 메인 뉴스 한곳에서 소화하기엔 물리적인 시간이 부족하거든요. 그래서 지역 방송국을 별도로 운영하고 아나운서 역시 지역별로 선발하여, 지역민을 위한 밀착형 방송 서비스를 제공하는 것입니다.

편 그럼 뉴스 외에 지역국에서 직접 제작하는 프로그램도 있나요?

이 네, 맞아요. 전국 방송 시간 중 일부를 할애해 지역 방송을 편성합니다. 보통 20분 정도의 분량이죠. 오후 5~6시 같은 시간대에는 지역 방송국에서 자체 편성을 하기도 하고, 프로그램을 직접 제작하기도 합니다. 저도 제주KBS에서 순환 근무를 한 적이 있는데, 당시 〈제주가 보인다〉라는 지역 프로그램을 진행했어요. 제주의 소식을 전하고 감귤 농장이나 관광지 같은 지역 밀착형 이야기를 다루는 30분짜리 프로그램이었죠.

지역 방송국은 자체 제작팀을 갖추고 있어, 규모는 작지만 하나의 독립된 방송국처럼 운영됩니다. 다만 서울 시청자들은 지역 방송의 존재를 잘 모를 수도 있어요. 서울에서는 해당 방송이 송출되지 않으니까요. 반면 어떤 지역 시청자분들은 "왜 보던 프로그램을 끊고 지역 방송을 넣느냐"며 항의 섞인 불만을 나타내기도 합니다. 전파는 한정되어 있고 그 안에서 시간을 나누어 편성하다 보니 생기는 현실적인 문제이기도 하죠.

다른 방송사 경험을 쌓고 오는 게 유리한가요?

아나운서

편 다른 방송사에서 먼저 실무 경험을 쌓는 것이 대형 방송사 공채 합격에 유리할까요?

이 유리할 수도 있습니다. 카메라 앞에서 말하고 진행하는 일은 일반 면접과는 비교할 수 없을 정도로 어렵기 때문에, 실무 경험은 분명 하나의 강점이 됩니다.

다만 꼭 공채 시험을 위해서라기보다, 현실적인 문제로 다른 곳에서 먼저 일하게 되는 경우가 많다는 표현이 더 정확할 것 같아요. 방송사 아나운서 공채는 언제 열릴지 알 수 없잖아요. 그 시간을 마냥 기다릴 수만은 없어서 수시 모집을 하는 방송사에서 먼저 일하며 경험을 쌓게 되는 거죠. 그래서 실제로 공채 지원자 중에는 이미 방송 현장 경험이 있는 경우가 꽤 흔합니다.

지상파 3사를 제외한 다른 방송사들은 처우나 맡게 되는 업무가 정말 천차만별이에요. 그 방송사의 상황과 필요에 따라 직무가 정해지기 때문이죠. 예를 들면 A 방송사는 리포터를 뽑고, B 방송사는 뉴스 진행자를 뽑는 식입니다. 계약 기간도 제각각이라 단기 계약인 경우도 있고, 2년 이상을 염두에 두고 선발하는 곳도 있습니다.

경력직이 공채 시험에서 유리한 점이 분명히 있지만, 오히려 단점이 되는 일도 있습니다. 대부분의 지상파 방송사는 '그 방송사를 대표할 이미지의 아나운서'를 원해요. 그런데 경력직은 이미 다른 방송사에서 자기만의 방송 스타일이 굳어져 있는 경우가 많습니다. 또한 타 방송을 통해 이미 얼굴이 알려져서 시청자에게 '어디서 본 적 있는 사람'이라는 인상을 줄 수도 있고요.

아나운서들 사이에서는 이를 두고 '쪼가 있다'라는 표현을 쓰기도 하는데, 이는 이미 기성 방송인화되었다는 의미예요. 그래서 대형 방송사들은 지금 당장 방송에 투입할 수 있는 노련한 사람보다, 조금 미숙하더라도 참신하고 가능성 있는 사람을 선호하는 경향이 있습니다. 신입만이 줄 수 있는 그 '신선함'을 더 중요하게 보는 것이죠.

경력직이 대형 방송사 공채에 지원할 때는 너무 노련한 모습만을 강조하기보다, 자신이 얼마나 새롭게 변화할 수 있는 사람인지를 보여주는 것이 오히려 도움이 됩니다. 실제로 대학을 갓 졸업하여 경력이 전혀 없는 신입이 공채로 입사하는 경우도 꽤 많아요. 저 역시 그런 사례 중 하나였고요.

편 아나운서 공개 채용은 구체적으로 어떤 과정을 거쳐 진행되나요?

이 매년 세부 방식은 조금씩 달라지지만, 큰 틀은 거의 비슷합니다. 최근 입사한 후배들에게도 확인해 보았는데, 전형 구조 자체는 크게 바뀌지 않았더라고요. 가장 최근의 기준을 바탕으로 자세히 설명해 드릴게요.

1차 전형 | 서류 전형 및 카메라 테스트

- 평가 요소: 자기소개서, 영어 성적, KBS 한국어능력시험 점수
- 핵심 과정: 5인 1조로 진행되는 카메라 테스트가 가장 중요합니다. 약 1,000여 명의 지원자 중 원고 낭독을 통해 방송인으로서의 기본 자질과 이미지를 평가합니다. 저도 이 카메라 테스트에 심사위원으로 몇 차례 참여한 적이 있습니다.

2차 전형 | 필기시험 및 인·적성 검사

- 평가 요소: 시사·방송 상식, 회사 관련 지식, 논술 및 작문

- 특이 사항: 최근에는 'K-SAT'이라는 인·적성 검사가 새로 도입됐어요. KBS에서 자체 개발한 검사라 시중 문제집으로 대비하기는 사실상 어렵습니다. 말 그대로 '방송 업무에 적합한 인성과 적성'을 평가하는 시험이라고 생각하시면 돼요. 이 필기시험 단계에서 약 30명 정도의 인원만 남게 됩니다.

3차 전형 | 심층 면접 및 실무 테스트

- 평가 방식: 1인당 약 20분간 진행하며, 아나운서국 간부와 제작진(PD, 기자)이 면접관으로 참여합니다.

- 주요 테스트: 즉석 속보 낭독, 돌발 상황 대응, 장르별 스피치, 개인기 등 실무 역량을 다각도로 검증합니다. 최종 합격자의 2배수(약 6~8명)가 선발됩니다.

- 특이 사항: 심층 면접은 실질적으로 가장 까다로운 단계입니다. 자기소개서를 기반으로 한 심층 질문과 더불어 다양한 실무 테스트가 이루어집니다.

최종 전형 | 사장단 면접

- 평가 요소: 사장·임원진 면접으로 실무 능력보다는 인성, 가치관, 국가관, 방송에 임하는 태도 등을 종합적으

KBS 신입직원 공개채용

III. 응시자격 및 가점사항

1. 공통 응시자격

○ 연령 : 제한 없음
○ 국적 : 제한 없음(단, 외국인의 경우 체류·취업에 제한이 없는 비자 취득자에 한함)
○ 학력 : 제한 없음
○ 병역 : 남자의 경우 병역필 또는 면제자(단, 임용예정일 전 전역 예정자 응시 가능)
○ 어학시험 성적

구분	내용
KBS한국어 능력시험	• 필수 제출 분야 : PD, 취재기자, 아나운서 ※ 기타 분야는 필수 제출사항이 아님 (가점 사항) • 성적 유효기간 : 원서접수 마감일(2025. 7. 9.) 기준 2년 이내(2023. 7. 10.이후) 응시한 시험 ※ 원서접수 마감일 이전 발표된 성적에 한함
공인영어	• 필수 제출 분야 : IT를 제외한 전 분야 • 시험 종류 : TOEIC, TOEFL(IBT), TEPS • 성적 유효기간 : 원서접수 마감일(2025. 7. 9.) 기준 2년 이내(2023. 7. 10.이후) 응시한 시험 ※ 원서접수 마감일 이전 발표된 성적에 한함

○ 임용예정일(2025년 12월) 이후 근무 가능한 자(입사시기 연기 불가)

2. 분야별 자격 요건

○ 해당 분야 : 영상제작(카메라), 촬영기자
○ 요건
- 나안시력 좌우 0.6 이상 또는 교정시력 좌우 1.0 이상인 자
- 색각 이상이 아닌 자

3. 가점사항

구분	채용 분야	가점 대상	비고
한국어 가점	PD, 취재기자, 아나운서 외 전 분야	KBS한국어능력시험 성적 보유자 • 성적 유효기간 : 원서접수 마감일(2025. 7. 9.) 기준 2년 이내(2023. 7. 10. 이후) 응시한 시험 ※ 원서접수 마감일 이전 발표된 성적에 한함	
자격 가점	방송경영	변호사, 공인회계사(CPA), 세무사, 공인노무사	소정의 가점 부여
	방송기술	무선설비기사, 방송통신기사, 정보처리기사, 정보통신기사, 전기기사, 정보보안기사	
	IT	정보처리기사, 정보통신기사, 정보보안기사	
법정 가점*		법률에 의한 취업지원대상자*	
기타 가점	전 분야	다문화가족지원법에 의한 다문화가족의 자녀	
		장애인고용촉진 및 직업재활법 제2조에 의한 장애인	

* 법정가점(취업지원대상자)은 분야별 채용예정인원이 4명 이상인 경우에 한하여 적용되며, 채용예정인원과 무관하게 취업지원대상자는 동점자 발생 시 우선하여 합격자로 결정 (세부 기준은 관련 법령에 따름)

IV. 전형절차

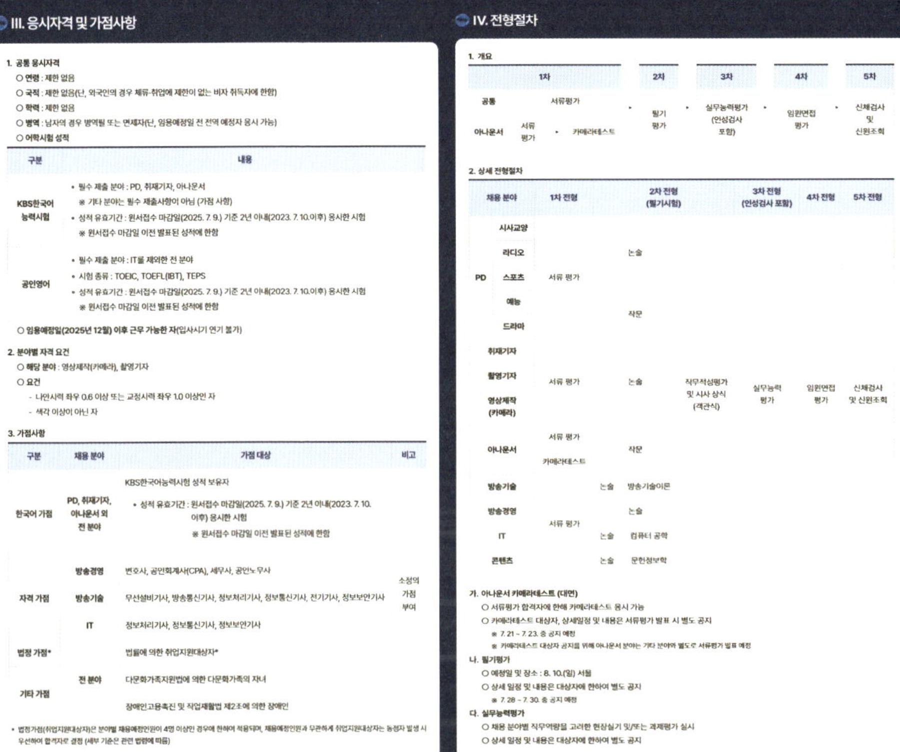

1. 개요

	1차		2차	3차	4차	5차
공통	서류평가		필기 평가	실무능력평가 (인성검사 포함)	임원면접 평가	신체검사 및 신원조회
아나운서	서류 평가	카메라테스트				

2. 상세 전형절차

채용 분야		1차 전형	2차 전형 (필기시험)	3차 전형 (인성검사 포함)	4차 전형	5차 전형
PD	시사교양	서류 평가				
	라디오		논술			
	스포츠					
	예능		자문			
	드라마					
취재기자		서류 평가	논술	직무적성평가 및 시사 상식 (객관식)	실무능력 평가	임원면접 평가	신체검사 및 신원조회
촬영기자						
영상제작 (카메라)						
아나운서		서류 평가 카메라테스트	자문			
방송기술		논술	방송기술이론			
방송경영		논술				
		서류 평가				
IT		논술	컴퓨터 공학			
콘텐츠		논술	문헌정보학			

가. 아나운서 카메라테스트 (대면)
○ 서류평가 합격자에 한해 카메라테스트 응시 가능
○ 카메라테스트 대상자, 상세일정 및 내용은 서류평가 발표 시 별도 공지
※ 7. 21 ~ 7. 23. 중 공지 예정
※ 카메라테스트 대상자 공지를 위해 아나운서 분야는 기타 분야와 별도로 서류평가 발표 예정

나. 필기평가
○ 예정일 및 장소 : 8. 10.(일) 서울
○ 상세 일정 및 내용은 대상자에 한하여 별도 공지
※ 7. 28 ~ 7. 30. 중 공지 예정

다. 실무능력평가
○ 채용 분야별 직무역량을 고려한 현장실기 및/또는 과제평가 실시
○ 상세 일정 및 내용은 대상자에 한하여 별도 공지

신입직원 공개채용 자료

목소리로 사람들의 마음을 여는
아나운서

로 살핍니다.

- 선발 인원: 매년 상이하나 통상 1~3명, 적을 때는 단 1명

만을 선발하기도 합니다.

공개 채용 전형 방식 자체는 세월이 흘러도 그 골격은 크게 변하지 않았습니다. 최근에는 인·적성 검사인 'K-SAT' 단계가 추가된 정도라고 이해하시면 될 것 같습니다. 결국 시대가 변해도 방송사가 아나운서에게 요구하는 본질적인 자질은 일맥상통한다는 의미이기도 하죠.

공채 시험 에피소드가 있나요?

 공채 전형 중 가장 기억에 남는 에피소드가 있다면 무엇인가요?

 최종 면접이 가장 힘들었어요. 막상 마지막 단계까지 오고 나니 오히려 더 포기할 수 없더라고요. 그전까지는 '한번 시험이나 봐 보자'라는 마음으로 비교적 가볍게 임했는데 말이죠.

사장님과 임원진 열 분 정도가 앞에 앉아 계시니 분위기부터가 압도적이었습니다. 너무 긴장해서 말도 잘 나오지 않았고요. 그렇게 높은 분들을 한자리에서 뵌 것도 그때가 처음이었거든요.(웃음) 그런데 면접관 중 한 분이 "말수가 적어 보이는데, 아나운서를 할 수 있겠느냐"라고 물으셨어요. 그 말이 순간적으로 가슴에 확 꽂혀 꽤 충격이었죠.

재치 있게 위기를 넘기지는 못했지만, 저는 있는 그대로 솔직하게 말씀드렸습니다. "지금은 너무 떨려서 그렇지만, 실제로는 그렇지 않습니다."라고요. 그만큼 마지막 면접은 심적으로 정말 힘든 과정이었습니다.

다만 합격과 불합격이 말 한마디로 결정되지는 않는 것 같아요. 이미 1·2·3차 전형의 점수가 누적되어 있고, 최종 면

KBS 공채 당시 제출한 프로필 사진

2009 KBS 공채 합격자 명단

접은 그간의 검증 과정을 최종적으로 '확인'하는 절차에 가깝다고 느꼈거든요. 물론 사장님이 1순위 후보를 마음에 들어 하지 않거나, 지원자가 최종 면접에서 치명적인 실수를 한다면 결과가 바뀔 수도 있겠지요. 하지만 전반적인 과정은 꽤 공정하게 운영된다고 느꼈습니다.

합격 노하우가 궁금해요

편 치열한 공채 경쟁을 뚫은 아나운서님만의 합격 노하우가 궁금합니다.

이 저는 사실 굉장히 늦게 시작한 편이에요. 아나운서의 꿈은 늘 가슴 한구석에 품고 있었지만, 학창 시절 개인적으로 힘든 일들이 겹쳐 제대로 준비할 여력이 없었거든요. 재수를 거치기도 했고, 대학 시절에는 건강 문제로 수술을 받느라 1년을 휴학해야 했습니다.

그래서 대학교 3학년 말 무렵에야 비교적 늦게 본격적인 준비를 시작했는데, 도리어 그 점이 집중력을 높이는 데 큰 도움이 됐던 것 같아요. 준비 기간이 길어지면 자칫 해이해질 수 있지만, 저는 짧은 기간 안에 모든 것을 쏟아부어 밀도 있게 준비했으니까요.

결국 아나운서 시험은 정신력 싸움이에요. 여러 단계를 거치며 쏟아지는 스트레스를 기꺼이 견뎌낼 수 있어야 하니까요. 제게는 스스로에 대한 굳건한 믿음과 긍정적인 마음가짐이 그 무엇보다 큰 힘이 되어주었습니다.

아나운서를 본격적으로 준비하고자 처음에는 아나운서 학원을 다녔습니다. 그동안은 방송과는 전혀 무관한 삶을 살아

와서 도무지 어떻게 준비해야 하는지 감이 오지 않았거든요. 학원을 다니며 처음으로 제가 말하는 모습을 카메라로 촬영하고 모니터링하면서 부족한 부분을 하나씩 알아갔습니다.

그러다 결국 많이 찍어보고 스스로 모니터링하는 과정이 무엇보다 중요하다는 생각에 학원을 그만두고, 학교 스튜디오를 빌려 친구들과 스터디를 시작했습니다. 서로 전문가는 아니었지만, 자기 모습을 객관적으로 바라보고 다듬어 가기에 참 좋은 시간이었습니다.

스터디 주제는 매번 달랐는데, 가령 하루는 뉴스를 연습해 보고 그다음 날은 교양 프로그램 MC(진행자)를 맡아보는 식이었습니다. 좋아하는 프로그램 진행자의 멘트를 그대로 받아 적어 대본을 준비하고, 실제 방송처럼 카메라 앞에서 진행해 보는 방식이었죠.

매일 아침에는 동네 도서관으로 출근해 신문을 읽었습니다. 최소 두 곳 이상의 신문을 정독하며 견문을 넓히려 노력했죠. 신문을 읽다 보면 유독 마음에 드는 칼럼이 생기는데, 그런 기사나 칼럼은 따로 스크랩해 두고 필사하는 연습을 병행했습니다. 잘 쓰인 글을 직접 옮겨 쓰다 보면 글의 구조나 문체를 파악하는 안목이 생기거든요. 작문이 막막한 친구들에게 꼭 추천하고 싶은 방법입니다.

　대학교 전공 수업에서 제가 직접 작성했던 각종 리포트와 기사, 작문 자료들도 모아 다시 한번 정리했습니다. 이미 제가 써 보았던 글들이기에 다시 읽어보는 것만으로도 글쓰기의 감을 유지하는 데 큰 도움이 되었습니다. 다양한 주제에 대해 고민해 본 경험은 훗날 시험장에서 즉석 주제를 받고 정해진 시간 내에 글을 써 내려가는 밑거름이 되었죠.

　시사 상식이나 기본 상식 책도 몇 권씩 탐독했습니다. 사실 현재 이슈가 되는 모든 뉴스가 필기시험 문제가 될 수 있기에, 항상 신문과 인터넷, TV를 곁에 두고 살았던 것 같아요. 필기와 실기 준비는 매일 동시에 진행했습니다. 아침에는 필기, 오후에는 실기 공부를 하는 식이었죠.

　범위가 정해진 학교 시험이 아니었기에 매일매일을 치열하고 열정적으로 살았습니다. 그렇게 차곡차곡 쌓인 하루하루가 결국 저 자신에 대한 믿음과 확신을 주었던 게 아닐까 싶네요.

청소년 시절, 어떤 과목이 특히 중요할까요?

⑪ 아나운서를 꿈꾸는 청소년들에게 특히 중요한 과목은 무엇일까요?

⑨ 가장 기본은 역시 국어입니다. 한국어를 정확히 이해하고 자신의 생각을 분명하게 표현하는 능력은 아나운서 업무의 근간이라 할 수 있어요.

영어 점수는 필수 조건이라기보다 지원자의 성실성이나 기본적인 소양을 확인하는 척도입니다. 반면 KBS 한국어능력시험 점수가 매우 높다면 이는 확실한 가점 요인이 될 수 있습니다.

문학 작품을 읽는 습관도 큰 도움이 됩니다. 저는 어릴 때부터 명작 소설 전집을 읽는 취미가 있었는데, 당시에는 그 뜻을 완벽히 이해하지 못한 채 읽기도 했어요. 그럼에도 불구하고 꾸준히 읽어 나가다 보니 어휘력이나 문장 구사력만큼은 또래보다 확실히 좋아졌습니다.

사회와 역사 과목도 깊이 있게 알아두면 좋습니다. 방송은 결국 우리가 살아가는 세상을 담아내는 일이기 때문에, 현재의 이슈뿐 아니라 그 바탕이 되는 과거의 맥락을 이해하는 것이 매우 중요하거든요.

또한 우리나라 교육 환경에서는 음악·미술·체육 같은 예체능 과목이 다소 소홀히 여겨지는 경향이 있는데, 저는 그렇게 생각하지 않습니다. 예체능 활동은 인간의 감성을 풍부하게 하고 표현력을 확장해 줍니다. 남들이 쉽게 지나치는 미묘한 감정이나 찰나의 장면을 포착하는 섬세한 능력도 길러 주죠. 방송은 결국 사람의 마음을 나누는 일이기 때문에, 타인의 삶에 깊이 몰입할 수 있는 공감 능력은 반드시 갖춰야 할 필수 덕목입니다.

체육은 특히 중요합니다. 저는 청소년 시절에 운동을 충분히 해 두지 못한 것을 지금도 아쉽게 생각하는데요. 방송 일을 하다 보면 체력이 얼마나 중요한지 절실히 느끼게 됩니다. 물론 대학 입시에서도 중요하지만, 살아갈수록 체력은 가장 기본적인 자산이라는 생각이 들어요.

체력이 뒷받침되면 능력이 조금 부족하더라도 더 오래 노력하고 버틸 수 있는 힘이 생깁니다. 특히 성장기인 청소년 시절에는 체육 활동을 늘려 체격과 근력을 키우고, 기초 체력을 탄탄히 다져 두는 것이 무엇보다 중요합니다.

이 직업에 잘 맞는 사람의 유형이 있을까요?

편 아나운서라는 직업에 특히 잘 맞는 유형이 따로 있을까요?

이 사실 정해진 유형은 없어요. 아나운서의 스타일도 다양하고, 개성 역시 모두 다르니까요. 다만 자기만의 색깔이 뚜렷한 사람은 분명 매력이 있습니다.

반대로 눈에 띄는 개성이 없어 보여도, 그 '편안함' 자체가 하나의 개성이 될 수 있어요. 그래서 저는 오히려 '잘 맞는 사람'이 누구인지 고민하기보다, '안 맞는 사람'은 어떤 유형일지에 대해 깊이 생각해 보게 됩니다.

· 정신적 스트레스에 매우 취약한 사람
· 사람들 앞에 서는 일이 극도로 힘든 사람
· 비난이나 피드백을 감당하기 어려운 사람

이런 경우에는 직업적으로 큰 어려움이 따를 수 있어요. 방송을 하려면 필연적으로 수많은 사람 앞에 서게 됩니다. 그 대상은 현장의 관객이나 방청객일 수도 있고, 나를 지켜보는 수십 명의 방송 스태프일 수도 있죠. 그런데 사람들 앞에 설

때마다 극도의 스트레스를 느낀다면, 일을 하며 성취감이나 행복을 느끼기는 결코 쉽지 않을 겁니다.

또한, 나를 향한 부정적인 시선과 말들에도 익숙해질 필요가 있습니다. 누구나 항상 좋은 평가만 받을 수는 없으니까요. 어쩌면 칭찬보다 날카롭고 부정적인 평가를 더 자주 마주하게 된다고 해도 과언이 아닙니다.

그럼에도 불구하고 이 일을 꼭 해보고 싶고, 스스로의 한계를 극복해 보겠다는 단단한 의지가 있다면 이 세상에 '안 맞는 사람'은 없다고 생각해요. 결국 중요한 것은 타고난 성향 그 자체보다, 이 일을 대하는 본인의 마음가짐인 것 같습니다.

청소년기에 어떤 경험을 하면 도움이 될까요?

편 아나운서를 꿈꾸는 청소년기에 특히 권장하고 싶은 경험이 있다면 무엇인가요?

이 저는 모든 경험이 결국 도움이 된다고 생각해요. 제 지난 시간을 돌아보아도, 성장에 밑거름이 되지 않았던 경험은 단 하나도 없었거든요.

그래서 '아나운서가 될 거니까 이것만 해야 한다'는 식으로 스스로를 틀 안에 가두지 않았으면 좋겠어요. 문과든 이과든, 혹은 인문·예술·체육 그 어떤 분야든 상관없이 다양한 경험을 쌓다 보면 감정도 훨씬 풍부해지고, 말할 거리도 많아지며, 글을 쓰는 힘도 자연스럽게 길러집니다. 청소년기에는 이것저것 가리지 말고 최대한 폭넓게 경험해 보는 것이 무엇보다 중요하다고 생각합니다.

각종 발표 수업이나 교내 방송국 활동, 동아리 활동도 분명 큰 도움이 됩니다. 저는 사실 내성적인 학생이라 그런 활동들을 적극적으로 해보지 못했는데요. 지금 돌이켜보면 확실히 그런 경험을 미리 쌓아온 친구들이 표현력이나 자신감 면에서 훨씬 앞서 나가더라고요.

아나운서는 대학을 졸업해야 하나요?

편 아나운서가 되기 위해 반드시 대학을 졸업해야 하나요?

이 공식적으로 KBS 공채에는 학력이나 나이 제한이 없습니다. 지원 자격에도 '대학 졸업'이 필수 조건으로 명시되어 있지는 않습니다.

다만 현실적으로 보면, 대부분 대학을 졸업한 경우가 많기는 합니다. 그렇다고 예외가 없는 것은 아니에요. 예를 들어 고등학생 때부터 연예 활동을 하다가 아나운서로 데뷔한 분도 있습니다. 일찍 사회생활을 시작해 대학에 진학하지 않았음에도 아나운서가 된 사례죠. 그래서 '반드시 대학을 나와야 한다'고 단정 짓기는 어렵습니다. 다만 대학에서의 다양한 경험이 성장에 큰 도움이 되는 것은 사실이에요.

앞서 말씀드렸듯, 저는 대학에서 신문방송학을 전공하며 수업을 통해 미디어 전반에 대한 이해를 넓힐 수 있었고, 글쓰기 연습도 충분히 할 수 있었습니다. 그때 쌓은 지식과 경험이 공채 필기시험을 준비하는 데 큰 밑거름이 되었고요.

또한 대학에서 같은 꿈을 가진 친구들을 만나 스터디를 하고, 학교 스튜디오를 빌려 카메라 테스트를 준비할 수 있었던 환경 역시 매우 의미 있었습니다.

하지만 이런 환경이 갖춰지지 않았다고 해서 너무 낙담할 필요는 없다고 생각해요. 요즘은 카메라 시설이 훌륭한 스튜디오를 얼마든지 대여할 수 있고, 유튜브나 인터넷을 통해서도 정말 다양한 정보와 자료를 접할 수 있으니까요.

결국 중요한 것은 '어디에 있느냐'보다, 주어진 환경에서 '얼마나 절실하게 정보를 찾아내고 내 것으로 만드느냐'인 것 같습니다. 과거보다 인프라가 훨씬 좋아진 만큼, 본인의 의지만 있다면 얼마든지 스스로를 훈련할 수 있는 길이 열려 있습니다.

아나운서에게 필요한 전공이 따로 있나요?

 아나운서가 되기 위해 유리한 전공이 따로 있나요?

 없습니다. 단언할 수 있어요. 저도 어릴 때는 '아나운서는 신문방송학과를 나와야 한다'라고 생각해서 신문방송학을 전공했지만, 막상 입사해 보니 전공은 큰 영향을 주지 않더라고요.

실제로 아나운서들의 전공은 정말 다양합니다. 인문 계열이나 사회 계열은 물론이고 이공계, 예체능 할 것 없이 제각각이에요. 오히려 서로 다른 배경을 가진 사람이 방송에서 더 매력적으로 느껴질 때도 많습니다.

예를 들어 클래식 음악 프로그램을 진행할 때 음악을 전공한 아나운서라면 작품이나 연주자에 대한 이해도가 깊어 진행이 훨씬 수월하겠지요. 예전에 항공우주학을 전공한 아나운서가 '나로호 발사' 관련 특집 방송을 진행한 적도 있었습니다. 전공 지식이 그대로 방송의 깊이가 된 아주 좋은 사례였죠.

이처럼 다양한 전공은 아나운서 생활에 득이 되면 됐지, 절대 무의미하지 않습니다. 그렇다고 제 전공인 신문방송학이 도움이 되지 않았다는 뜻은 아니에요. 저는 원래 모든 언론 매체에 관심이 정말 많았고 방송사에 대한 동경이 컸던 터라, 학교에서 배운 전공 수업 하나하나가 모두 즐거웠습니다. 각 분야 전문가가 들려주는 현장의 이야기들은 제 호기심을 채우기에 충분했죠.

그 덕분인지 방송사 공채 전형에 포함되는 작문·논술 시험을 따로 준비할 필요가 없었습니다. 대학 수업에서 이미 TV 프로그램을 분석하고 직접 기사를 써 보며, 자유 주제로 작문하는 연습을 충분히 거쳤기 때문입니다. 공채 시험을 아주 많이 본 편은 아니지만, 2차 필기시험에서만큼은 단 한 번도 떨어진 적이 없었어요.

아나운서가 되기 위해 특정 전공을 선택할 필요는 없습니다. 대신 내가 진정으로 좋아하는 전공을 선택해서 열심히, 후회 없이 즐기세요. 그 시간이 결국 여러분만의 고유한 콘텐츠가 되고, 방송인으로서의 깊이를 만들어줄 것입니다.

좋은 목소리를 가지면 유리한가요?

편 아나운서 공채에서 '좋은 목소리'를 가진 지원자가 절대적으로 유리한가요?

이 유리할 수는 있죠. 아나운서 공채 시험 1차 카메라 테스트부터 이미지와 목소리가 종합적으로 평가되니까요. 다만 목소리가 좋다, 혹은 나쁘다는 데에는 절대적인 기준이 없다고 생각해요. 목소리는 결국 취향의 영역이거든요. 요즘처럼 개성이 존중받는 시대에 어떤 목소리가 '정답'이라고 말하기는 어렵습니다. 예를 들어 방송인 박경림 씨도 초창기에는 "목소리가 특이하다", "쉰 목소리 같다"라는 평가를 많이 들었지만, 지금은 그 목소리 자체가 독보적인 장점이 되었잖아요. 최근에 라디오를 진행하시는 걸 들었는데, 예전보다 톤이 훨씬 안정되었고 목소리도 더 매력적으로 느껴지더라고요. 본인이 자신의 목소리 톤을 잡기 위해 얼마나 깊이 고민하고 노력했는지가 그대로 전해졌습니다.

아나운서도 마찬가지예요. 요즘은 다양한 목소리 톤을 가진 아나운서들이 많이 입사합니다. 여기서 중요한 점은 기본적으로 '신뢰감'을 주는 목소리여야 한다는 것이죠. 단순히 듣기에만 좋은 목소리라 해서 유리한 게 아니라, 안정감과 신뢰감 그리고 전달력을 갖춘 목소리가 훨씬 더 큰 강점이 됩니다.

그리고 이런 요소들은 타고난 재능만으로 결정되는 것이 아닙니다. 훈련을 통해 얼마든지 보완하고 발전시킬 수 있는 부분입니다. 즉, 좋은 목소리란 타고나는 것이 아니라, 신뢰를 주기 위해 끊임없이 가다듬어 완성해 가는 영역입니다.

내성적인 사람도 아나운서가 될 수 있나요?

편 내성적인 성향을 가진 사람도 아나운서가 될 수 있을까요?

이 그럼요. 방송인 중에도 실제로는 매우 내성적인 분들이 많고, 개그맨들 역시 무대 밖에서는 조용한 성격인 경우가 많잖아요. 저 역시 어릴 때는 무척 내성적이었고, 남들 앞에 서는 일을 힘들어하던 아이였습니다. 그러니 내성적이라는 이유만으로 아나운서를 꿈꿀 수 없는 것은 아니라고 생각합니다.

오히려 저는 내성적인 성향 덕분에 독서와 사색을 즐길 수 있었고, 그 과정에서 감성이나 표현력이 자연스럽게 길러졌다고 느껴요. 다만 아나운서를 준비하면서부터는 내성적인 면을 어느 정도 극복할 필요가 있었습니다. 그래서 그때부터 의식적으로 사람들 앞에 서는 연습을 시작하게 된 것이죠.

처음에는 대학 수업 시간에 발표를 맡는 작은 일부터 시작했어요. 그러다 용기를 내어 대학교 홍보 모델에도 도전했습니다. 그 일을 계기로 학교 대표로 신문 광고 모델을 하게 됐고, 당시 대학생들 사이에서 인기 있던 잡지인 〈대학내일〉의 표지 모델 촬영까지 하게 되었죠. 광고 촬영을 경험하며 연예

기획사 관계자들을 만나기도 하고, 소비자 모델로 활동하기도 했습니다.

심지어 한 방송사에서 진행한 일반인 대상 연애 예능 프로그램의 오디션을 본 적도 있어요. 지금의 〈하트시그널〉과 비슷한 성격의 프로그램이라고 보시면 될 것 같아요. 그렇게 한번 물꼬를 트고 나니 생각보다 적응도 빠르게 되더라고요.

물론 학교 스튜디오를 빌려 제 모습을 카메라로 담아보며 꾸준히 연습하는 과정도 병행했습니다. 결국 중요한 건 일단 부딪쳐 보는 용기인 것 같아요. 계속해서 도전하다 보면, 스스로도 미처 몰랐던 '또 다른 나'를 발견하게 될지도 모르니까요.

ANNOUNCER

아나운서가 되면

합격 후에는 어떤 과정을 거치나요

편 최종 합격 이후에는 어떤 과정을 거치게 되나요?

이 합격했다고 해서 바로 실무에 투입되지는 않아요. 먼저 연수원에서 수습사원 신분으로 약 1~3개월 정도 교육을 받게 됩니다. 연수원 교육을 무사히 마치면 정식 사원으로 발령이 나고, 이후에는 본격적인 OJT(현장 직무 교육) 기간을 거칩니다. 이 기간 동안 선배 아나운서들에게 직접 가르침을 받으며 아나운서실 내부 커리큘럼을 이수하고, KBS 내 여러 부서를 직접 돌아보는 시간을 갖게 돼요.

보도국, 예능국, 시사교양국은 물론이고 카메라 부서, 경영 부서, 광고국 등 다양한 부서를 경험하며 방송사가 어떤 구조로 운영되는지 그 전반을 이해하는 과정이라고 보시면 됩니다.

OJT를 모두 마치면 지방 총국으로 발령을 받습니다. 지역 방송국에서 일정 기간 근무하며 풍부한 실전 경험을 쌓은 뒤, 비로소 본사로 복귀해 본격적인 아나운서 업무를 맡게 됩니다. 이 전체 과정을 따져보면 대략 1년 내외의 시간이 소요되는데, 최근에는 이 수련 과정이 조금 더 길어지는 추세입니다.

해외로 진출한 아나운서도 있나요?

편 해외로 진출하여 활동하는 아나운서도 있나요?

이 사례를 모두 알고 있는 것은 아니지만, 공채 출신 아나운서가 해외 방송사로 직접 진출한 경우는 사실 흔치 않은 것 같아요. 다만 KBS는 공영 방송이자 국가 기간 방송의 성격을 띠고 있어, 국가의 공식 행사를 진행하는 기회가 무척 많습니다.

예를 들어 APEC(아시아태평양 경제협력체) 같은 대규모 국제 행사에는 각국의 VIP들이 한자리에 모이게 되는데, 이때 리셉션이나 공식 세리머니의 진행을 아나운서가 맡기도 합니다. 영어에 능숙한 아나운서의 경우 통역 없이 영어로 직접 진행을 맡기도 하죠. 주로 해외 거주 경험이 있거나 뛰어난 어학 능력을 갖춘 아나운서들이 이런 중요한 역할을 수행하는 편입니다.

해외 방송사로 직접 진출한 것은 아니지만, 해외 방송에 출연해 무대를 이끈 소중한 경험은 있습니다. 지금은 잠시 중단되었으나, 코로나19 이전에는 KBS와 중국 CCTV가 〈한중 가요제〉를 공동으로 개최했어요. 그때 제가 한국 측 아나운서로 진행을 맡게 되었는데, 개인적으로도 매우 영광스럽고 뜻깊은 시간이었습니다.

2010년 광저우 아시안 게임 취재를 위해 중국 출장을 간 적은 있었지만, 실제로 중국 방송 전파를 타고 현지 시청자들과 만난 것은 그때가 처음이었어요. 해당 공연은 KBS와 CCTV를 통해 양국에 동시 송출되었습니다. 당시 우리나라를 대표하는 정상급 가수들이 대거 참여해 현장 분위기가 정말 뜨거웠고, 진행자로서 큰 보람을 느꼈던 기억이 납니다. 지금은 세계적인 스타가 된 BTS도 당시 그 무대에 함께했었죠.

아나운서 출신 정치인이 많은 이유는 뭘까요?

편 아나운서 출신 정치인이 유독 많은 이유는 무엇일까요?

이 정치인은 이미지와 신뢰가 매우 중요한 직업이고, 유세나 연설처럼 사람들 앞에서 말해야 하는 상황이 많잖아요. 그런 점에서 아나운서는 이미 대중 앞에서 말하는 훈련을 충분히 받은 직업이기 때문에, 비교적 자연스럽게 정치 영역에 적응할 수 있다고 생각해요.

이미지메이킹이나 발화 기술, 대중 친화력과 같은 능력들이 기본적으로 갖춰져 있다는 점도 큰 장점이고요. 그래서 아나운서는 정치 활동을 하기에 적합한 요소를 많이 지닌 직업이라고 볼 수 있습니다.

특히 아나운서들은 여러 프로그램을 통해 이미 대중에게 얼굴이 알려져 있고, 친숙한 이미지를 갖고 있는 경우가 많아요. 정치인은 결국 많은 표를 얻어야 하는 직업이기 때문에, 얼굴이 익숙하다는 점만으로도 유리하게 작용할 수 있죠. 여기에 신뢰감을 주는 뉴스 진행자 경험까지 더해진다면 그 효과는 더욱 커집니다. 뉴스 앵커 출신 정치인이 많은 이유도 바로 이런 점 때문이라고 생각해요.

아나운서 세계에서 경쟁이 치열한가요?

편 아나운서의 세계, 실제로는 드라마처럼 경쟁이 치열한가요?

이 네, 경쟁은 분명 치열합니다. 드라마처럼 서로를 미워하거나 모함하는 분위기는 아니지만요. (웃음) 다만 아나운서가 할 수 있는 프로그램의 수는 한정돼 있고, 아나운서 인원은 많다 보니 자연스럽게 경쟁이 생길 수밖에 없어요.

저 역시 〈KBS 뉴스 9〉와 〈열린음악회〉 모두 오디션을 통해 선발됐습니다. 그만큼 입사 과정도 치열하지만, 입사 후에도 다시 경쟁해야 하는 구조라고 볼 수 있어요.

특히 〈KBS 뉴스 9〉 메인 앵커 오디션은 거의 모든 방송국에 존재하는 과정입니다. 오디션 방식도 입사 시험과 크게 다르지 않아요. 실제 〈KBS 뉴스 9〉가 진행되는 스튜디오에서 지원자들이 직접 앵커 멘트를 작성한 뒤, 카메라 앞에서 뉴스를 진행해 보는 방식이거든요. 보통 뉴스 한 꼭지에서 두 꼭지 정도를 진행했던 것으로 기억합니다. 제가 도전했을 당시에는 대략 열 명 남짓한 아나운서들이 오디션에 참여했어요.

물론 오디션 자체는 경쟁의 자리이지만, 이미 함께 일해 온

선후배 사이이기 때문에 분위기가 생각보다 살벌하지는 않습니다. 오히려 서로 응원하고 즐기는 분위기에 가깝다고 느꼈어요. 실제로 저는 오디션 당시 〈KBS 뉴스 9〉를 진행하던 선배에게 의상에 대한 조언을 받기도 했습니다.

연봉과 근무 조건 등은 어떤가요?

편 KBS 아나운서의 연봉 수준과 근무 조건은 구체적으로 어떤가요?

이 연봉 수준은 대기업과 비슷하다고 보시면 됩니다. 구체적인 수치는 국정감사 자료나 공개 자료를 통해 확인하실 수 있어요. 급여 체계는 호봉제로, 호봉이 올라갈수록 월급도 조금씩 상승하는 구조입니다.

근무 시간은 일정하지 않은 편이에요. 프로그램마다 방송 시간대가 다르고, 생방송이나 뉴스의 경우 특성상 변동이 많거든요. 기본적으로는 정부의 주 52시간제를 지키려고 노력하지만, 방송 직군은 예외가 적용되는 경우도 있어 시간 외 근무가 발생하기도 합니다.

다만 시간 외 근무에 대해서는 초과 수당이 지급되고, 주말·휴일·숙직 근무도 포함됩니다. 정규 근무 시간 외에 근무를 하면 수당이나 대체 휴가가 생기게 되고요. 주말이나 휴일 근무는 대개 한 달에 한두 번 정도 돌아오는 편입니다.

복지 제도는 잘 되어 있나요?

편 사내 복지 제도는 잘 갖춰져 있나요?

이 전반적으로 복지는 잘 갖춰져 있는 편이에요. 특히 여성 직원들을 위한 출산·육아 제도와 휴가 제도가 비교적 안정적으로 마련돼 있습니다.

저 역시 출산과 육아를 직접 겪었는데, 육아휴직을 사용하거나 복직하는 과정에서 눈치를 보지 않아도 되는 분위기라 많은 도움이 됐어요. 복직 이후에 차별을 느끼는 경우도 거의 없었고요.

복지 수준은 대기업 평균 정도라고 보시면 될 것 같아요. 아주 특별한 혜택이 있는 건 아니지만, 회사 내 복지시설은 잘 갖춰져 있습니다. 도서관, 의무실, 치과, 헬스장, 은행, 우체국 등 생활에 필요한 편의시설이 사내에 있어 근무하면서 이용하기 편리해요.

본관과 별관은 도보로 약 10분 정도 떨어져 있는데, 매시간 두 건물을 오가는 셔틀버스도 운영되고 있습니다. 통근버스도 마련돼 있고요.

연차 사용도 비교적 자유로운 편입니다. 사내 어린이집도 최근 리모델링을 거쳐, 직원들의 만족도가 높아요.

휴가는 어떻게 사용하나요?

편 평소 방송 일정이 빠듯하실 텐데, 휴가는 어떤 방식으로 사용하시나요?

이 평소에는 방송 일정 때문에 휴가를 내기가 쉽지 않아서, 한번 쓸 때 비교적 길게 사용하는 편이에요. 보통 2주에서 3주 정도, 길게는 4주까지 사용하는 경우도 있습니다. 그래서 휴가를 계획할 때는 보통 1년 전부터 미리 여행 일정을 짜요. 멀리 갈 수 있는 곳, 특히 평소와는 전혀 다른 환경에서 제대로 쉬고 올 수 있는 지역을 선택하게 되죠.

다른 아나운서들도 대부분 휴가를 짧게 나눠 쓰기보다는, 한번에 길게 다녀오는 편입니다. 아나운서가 휴가를 가려면 제작진과 아나운서실에 휴가 일정을 미리 공유하고, 그 기간 대신해 줄 대체 진행자를 정해야 하거든요. 그래서 가능한 한 일정을 일찍 정해 알려 주는 게 중요합니다.

저는 주로 여름에 〈열린음악회〉 녹화가 없는 시기를 이용해 긴 여행을 다녔어요. 평소에는 쉽게 갈 수 없는 유럽을 여행했는데, 그 시간의 소중함은 말로 다 표현하기 어려울 정도였습니다. 매일 반복되는 일상에서 벗어나 다른 세상에 머물며, 나 자신을 새롭게 발견하고 다시 정비하는 느낌이었죠.

아나운서 성비는 어떻게 돼요?

편 아나운서 직군의 성비는 보통 어떻게 되나요?

이 전통적으로 여성 비중이 높은 편이었어요. 아나운서는 여성들이 주로 하는 직업이라는 인식이 오래전부터 있었던 것 같아요.

하지만 최근에는 분위기가 조금 달라졌습니다. 전현무, 김성주 선배처럼 아나운서 출신으로 프리랜서 활동을 하며 크게 성공한 사례들이 알려지면서, 남성 아나운서 지망생도 눈에 띄게 늘었어요.

반대로 기자나 PD(피디) 직군은 과거에는 남성 비중이 높았지만, 최근에는 여성 비율이 점점 높아지고 있습니다. 카메라나 조명처럼 체력이 많이 요구되는 분야는 남성이 많았던 게 사실인데, 이 역시 요즘에는 여성 인력이 빠르게 늘고 있는 추세예요.

전체적으로 보면 방송 현장은 점점 성비가 균형을 찾아가는 중이고, 여전히 여성의 강세가 느껴지기는 합니다. 그래서인지 저희도 최근에는 남성 아나운서를 적극적으로 선발하려는 흐름이 있어요.

KBS 아나운서 직급 체계가 궁금해요

편 KBS 아나운서의 직급 체계는 일반 회사와 어떻게 다른 가요?

이 일반 회사는 보통 대리·과장·차장처럼 직급이 나뉘잖 아요. 아나운서는 4직급 → 3직급 → 2직급 → 1직급 순으로 승급합니다. 이후 관리직이 되면 별도로 관리직 직군을 부여 받게 되고요.

직급이 한 단계 올라가는 데에는 최소 5년 정도가 걸립니 다. 경우에 따라 더 오래 걸릴 수도 있어요. 저는 현재 2직급 인데, 일반 회사 기준으로 보면 차장급 정도라고 보시면 됩니 다.

1직급이 가장 높은 직급이고, 임원은 이 직급 체계와는 별 도의 경영진에 해당해요. 연봉 역시 직급별로 구분되지만, 직 급 간에 큰 폭의 차이가 나는 구조는 아닙니다. 직급이 오를 수록 조금씩 꾸준히 상승하는 방식이라고 보시면 돼요.

직급에 따라 맡는 방송 업무에 큰 차이가 있는 것은 아닙 니다. 아나운서는 기본적으로 어떤 방송을 맡느냐에 따라 일 이 달라지는 구조이기 때문에, 직급이 올라간다고 해서 프로 그램 선택권이 생기는 것은 아니에요.

다만 직급이 올라가면 자연스럽게 팀장이나 부장 같은 관리 역할을 맡을 기회가 생깁니다. 저 역시 KBS에서 한국어연구부 팀장을 맡은 적이 있는데요. 팀원들의 근태와 휴가 관리, 한국어 연구 업무 배당 등 다양한 역할을 수행했습니다. 아나운서도 일반 직장인과 마찬가지로, 직급이 올라가면 후배들을 관리하는 관리자 역할을 하게 됩니다.

편 프리랜서 아나운서와 방송사 소속 아나운서의 처우는 구체적으로 어떻게 다른가요?

이 고용 형태가 다르기 때문에 처우에도 차이가 있습니다. 방송사 소속 아나운서는 일반직, 즉 정규직이고, 프리랜서 아나운서는 계약직 형태로 일하게 되죠. 다만 이 부분은 방송사나 계약 조건에 따라 차이가 큽니다.

KBS를 예로 들면, 지역 총국에는 계약직 리포터나 아나운서가 근무하고 있어요. 공채 합격자가 아닌 경우에는 대부분 이런 형태로 일을 시작하고, 이후 공채가 열리면 응시해 정규직으로 전환될 수 있습니다. 앞서 말씀드렸듯 공채가 매년 열리는 구조는 아니기 때문에, 그 기간에 경력을 쌓기 위해 계약직이나 프리랜서로 활동하는 경우가 많아요. 이는 개인의 선택이라기보다, 현실적으로 불가피한 구조라고 볼 수 있습니다.

정규직과 프리랜서의 가장 큰 차이는 급여 방식과 고용 안정성입니다. 정규직은 매달 일정한 급여를 받는 반면, 프리랜서는 프로그램에 출연할 때마다 회당 출연료를 받는 방식이에요. 따라서 수입의 안정성 면에서는 차이가 날 수밖에 없죠.

 그렇다고 프리랜서에게 정규직의 기회가 없는 것은 아닙니다. 공채 시험은 누구에게나 공평하게 열려 있기 때문에, 프리랜서로 활동하고 있다고 해서 시험을 보는 데 불이익이 있지는 않습니다.

회의나 회식 문화는 어떤가요?

 아나운서실의 회의나 회식 문화는 어떤 분위기인가요?

 예전에는 회식이 정말 많았어요. 봄·가을 운동회, 송년회, 신년회 등 행사가 굉장히 다양했고, 타 방송사와의 교류도 활발했죠. 하지만 요즘은 그런 문화가 거의 사라졌습니다. 아나운서실만의 변화라기보다는, 사회 전반의 분위기가 달라진 영향이 큰 것 같아요.

코로나19를 거치면서 회식 문화 자체가 크게 줄었고, 그 이후로는 MZ세대 구성원들도 회식을 즐기기보다는 부담스러워하는 경우가 많아졌어요. 그래서 지금은 대규모 회식은 거의 없고, 친한 사람들끼리 가볍게 만나는 소규모 모임 정도만 있는 편입니다.

아나운서끼리 따로 모여 회의를 하는 경우도 거의 없어졌어요. 대신 각자가 소속된 프로그램 팀 단위에서 필요할 때 회의를 진행합니다. 프로그램 제작진과 아나운서가 함께하는 회의라고 보시면 돼요.

1년에 한 번 정도, 방송사 아나운서들이 비교적 많이 모이는 자리가 있다면 '아나운서대상' 시상식 정도가 가장 큰 행사라고 할 수 있습니다.

아나운서 직업병은 있나요?

 아나운서들만 겪는 직업병이 있을까요?

 맞춤법을 유난히 예민하게 보게 되는 습관이 있어요. 말할 때보다 문자 메시지를 볼 때 더 두드러지는데, 오타나 잘못된 표현이 눈에 띄면 자꾸 고쳐 주고 싶어지더라고요.

예전에 소개팅을 했을 때도 그랬어요. 첫 카카오톡 메시지를 받았는데 주술 관계가 맞지 않거나 맞춤법이 틀리면 괜히 신경이 쓰이더라고요. 전형적인 직업병이죠.

일상생활에서 흔히 쓰이는 잘못된 표현들도 자꾸 바로잡고 싶어요. 예를 들면 일본어식 표현들이에요. '기라성(綺羅星)' 같은 표현을 많이 쓰지만, 사실 일본식 표현이고요. '진검승부(眞劍勝負)'도 마찬가지입니다.

'포문(砲門)을 열다'라는 표현도 자주 쓰이는데, 엄밀히 말하면 포문은 대포의 탄알이 나가는 구멍을 뜻하잖아요. 전쟁을 연상시키는 '대포를 쏜다'는 강한 표현을 굳이 일상에서 사용할 필요가 있을까 하는 생각이 들 때도 있어요.

정년퇴직 후 어떤 일을 하나요?

편 아나운서들은 정년퇴직 이후 주로 어떤 길을 걷게 되나요?

이 정년퇴직 이후에 그냥 쉬는 분들은 거의 없어요. 대부분은 어떤 형태로든 계속 일을 이어갑니다. 대학이나 전문 기관에서 강의를 하거나, 아나운서 아카데미 강사, 교수로 활동하는 경우가 많아요. 또 프리랜서로 방송 프로그램을 다시 맡는 분들도 있고요.

KBS에는 한국어 관련 기관도 있어서, 한국어 교육이나 말하기·화법 분야로 진출하는 분들도 적지 않습니다.

정년이 60세이다 보니, 아직 은퇴라고 하기에는 비교적 젊은 나이잖아요. 그래서 대부분 미리 새로운 일을 준비하면서 꾸준히 활동을 이어가세요. 실제로 한민족방송이나 KBS 제3 라디오에는 퇴직한 선배들이 지금도 라디오 방송을 진행하고 계십니다.

또 상담 심리학 등을 공부해 강의 활동을 하는 분들도 많고, 대학의 언론·미디어 관련 학부에서 학생들을 가르치는 경우도 있어요. 이 밖에도 연기자나 배우 등으로 활동 영역을 넓히며 새로운 무대에 도전하는 분들도 계십니다.

<생방송 오늘> MC

ANNOUNCER

아나운서
이현주의
V-LOG

긴장감 200%!
제19대 대선 개표 방송 메인 MC

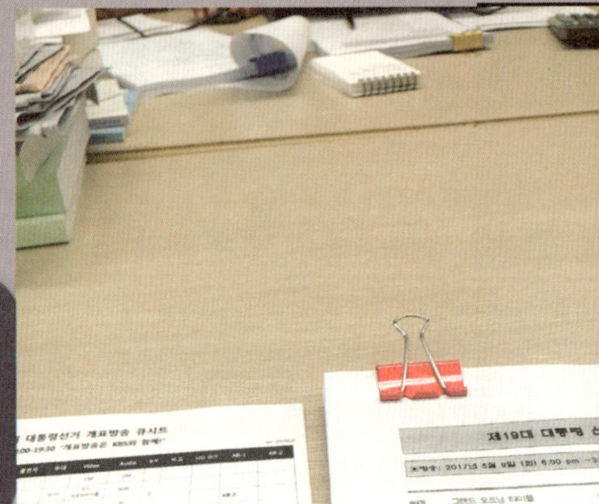

오늘도 리허설 중!
대선 개표 방송 메인 MC를 맡았어요.

개표 방송은 오랜 시간 진행되기 때문에 준비해야 할 것이 많다.
특히 KBS만의 개표 방송 시스템인 'K-월(K-Wall)' 화면을 통해
정보를 프레젠테이션(Presentation)하는 역할이 매우 중요하다.
대형 화면 앞을 걸어 다니며 설명해야 하기 때문에,
카메라 감독님과 동선을 맞춰 보는 것은 필수!

사드 배치
차기
정부로
즉각 중단
일자리를
지는 나라

장시간 리허설 끝에 지친 나머지,
신고 있던 하이힐을 벗어 던졌다.
감독님이 '맨발의 투혼'이라며
사진을 찍어 주셨다.

큐 사인 30분 전!

<뉴스타임>
뒷이야기

● 실제 뉴스를 송출하는 뉴스 부조정실
Sub Control Room 모니터에 나오는 내 모습

● 한 컷, 한 컷을 책임지는 카메라
감독님의 큐시트 Cue Sheet.

〈뉴스타임〉 진행 30분 전! 열심히
앵커 멘트를 작성 중입니다.
원고를 읽기만 하는 게 아니랍니다.
앵커 멘트 하나하나 직접 다듬고
수정하며 마지막까지 고민해요.

방송 들어가기 전, 내 모습이 가장 잘 나오도록
도와주는 고마운 스타일리스트Stylist.

첫 해외 출장! 뜨거웠던

<2010 여기는 광저우!> 아시안 게임 현지 진행 메인 MC!

● 아시안 게임 기간 동안 머물렀던
미디어 빌리지Media Village.

● 밥 먹을 시간이 없어서 언제나
스튜디오 안에서 끼니를 때우는…

● 앞머리에 고정용 파란 핀을 주목하시라! 리허설 중입니다. 본방송 아닙니다~

함께 MC를 맡은 아나운서 선배와 진지한 모드(Mode).

여러분은 볼 수 없는 스튜디오의 뒷모습이죠?

ANNOUNCER

아나운서
이현주
스토리

편 학창 시절의 이현주 아나운서는 어떤 학생이었나요?

이 전형적으로 내성적이고 평범한 학생이었어요. 엄마와 선생님 말씀 잘 듣고, 스스로를 '성적으로 평가받는 학생'이라고 여기며 살았죠. 정말 튀지 않는, 전형적인 대한민국 학생이었던 것 같아요.

그런데 한편으로는 조금 특이한 구석도 있었어요. 만화책과 애니메이션을 무척 좋아했거든요. 당시에는 달마다 발행되는 순정 만화 잡지들이 있었는데, 책장을 가득 채울 정도로 사 모으기도 했어요. 지금은 웹툰Webtoon 시대라 잘 모를 수도 있겠네요.

일본 애니메이션도 좋아했는데, 그때는 아직 일본 문화가 본격적으로 개방되기 전이라 용산 같은 곳에서 불법 복제본을 구해 보기도 했죠. 당시 저희 집은 송파였는데, 중학생이 혼자 송파에서 용산까지 가는 건 꽤 큰 용기가 필요한 일이었어요. 그렇게 일본 애니메이션을 접하면서 자연스럽게 일본 문화에도 빠져들게 됐습니다. 지금의 한류와 비슷한 느낌이었죠.

그래서 중학생 때 혼자 일본에 가겠다는 계획까지 세웠어요. 학생 신분이라 학교를 빠질 수도 없고, 외박도 안 되니 당일치기 일정으로 다녀오려고 했죠. 부모님께 말씀드리면 당연히 반대하실 것 같았거든요.

　문제는 돈이었어요. 용돈만으로는 부족해서, 동네 구인 광고 신문을 보고 친구와 함께 학원 전단지를 아파트에 붙이는 아르바이트를 하루 했습니다. 제 인생에서 처음으로 돈을 벌어 본 경험이었어요. 비행기 표도 알아보고, 일본에서 가 볼 곳도 미리 계획해 뒀는데, 결국 여권 만드는 단계에서 실패했죠.

　계획은 무산됐지만, 그 일을 통해 한 번 목표가 생기면 굉장히 불도저Bulldozer처럼 밀어붙이는 성향이라는 걸 스스로 알게 됐어요.

　돌이켜 보면 아나운서라는 직업도 어릴 때부터 좋아했던 것 같아요. 가족들이 노래 부르는 걸 좋아해서, 집에서 가족 노래자랑을 진행하고 녹음하곤 했거든요. 집에 녹음용 마이크가 있었어요. 중학생 때 자주 어울리던 친구들과도 집에 모여 라디오 프로그램처럼 노래를 부르고 사연을 소개하는 녹음을 했습니다. 그땐 카세트테이프Cassette Tape에 녹음했죠.

　물론 이런 활동은 가족이나 아주 친한 친구들끼리만 한 거였고, 밖에서는 발표도 잘 하지 않는 소극적인 학생이었어요. 그런데 가뭄에 콩 나듯이 하던 발표 시간에, 한 친구가 "아나운서 같다."라고 말해 준 적이 있어요. 그 한마디가 꽤

🎤 한국외국어대학교 홍보 모델 시절

오래 기억에 남았습니다.

　대학생이 되면서는 점점 내성적인 모습을 벗어났던 것 같아요. 앞서 말씀드린 것처럼 학교 홍보 모델을 하면서 다양한 간접 방송 경험을 할 수 있었고, 그 과정에서 자연스럽게 사람들 앞에 서는 일에도 익숙해졌습니다.

편 부모님은 어떤 분이셨나요? 아나운서라는 꿈에 영향을 주셨는지 궁금합니다.

이 부모님은 평범한 회사원과 전업주부셨어요. 언론이나 방송과는 전혀 관련이 없는 일을 하셨죠. 다만 집에서는 신문을 두세 종류씩 구독했고, 매일 밤 KBS 〈9시 뉴스〉를 챙겨 보는 분위기였어요. 자연스럽게 저도 그 곁에서 함께 보며 자랐고요. 지금 생각해 보면, 그런 환경이 제 진로에 적잖은 영향을 준 것 같아요.

신문을 처음 읽기 시작했을 때, 생각보다 재미있는 칼럼이 많다는 걸 알게 됐어요. 정치·경제면 기사는 어린 저에게 다소 어려웠지만, 비교적 가볍게 읽을 수 있는 생활 에세이 같은 글들도 있었거든요. 그때 칼럼을 읽던 습관이 훗날 공채 필기시험을 준비하는 데에도 큰 도움이 됐습니다.

처음 아나운서를 준비하겠다고 부모님께 말씀드렸을 때는 조금 놀라시기도 했어요. 워낙 평범하고 내성적인 학생이었으니까요. 하지만 어릴 적 제가 마이크를 잡고 가족 노래자랑을 진행하던 모습들을 떠올리시며, 결국에는 응원해 주셨어요.

다만 경쟁이 워낙 치열한 직업이다 보니, 쉽게 될 거라고는 생각하지 않으셨던 것 같아요. 그래서 아나운서의 꿈을 응원하면서도, 다른 진로 역시 함께 준비해 두는 게 좋겠다고 현실적인 조언을 해 주셨습니다.

편 어린 시절 동경하며 보았던 프로그램이나 롤모델이 있었나요?

이 기본적으로 만화영화를 정말 좋아했어요. 그리고 음악 프로그램을 특히 즐겨 봤죠. 가족들이 모두 노래를 좋아했거든요. 〈가요톱10〉은 거의 매주 챙겨 봤고, 〈열린음악회〉도 무척 좋아했어요. TV를 정말 많이 봤고, 진행자들을 보면서 '나도 저런 걸 할 수 있을 것 같은데?'라는 막연한 꿈이 생겼던 것 같아요.

당시 〈가요톱10〉은 손범수 선배가, 〈열린음악회〉는 황수경 선배가 진행하셨는데, 두 분 모두 정말 멋지다고 느꼈어요.

〈9시 뉴스〉는 부모님 덕분에 자연스럽게 보게 됐어요. 그때 진행을 맡고 계셨던 분이 황현정 선배였는데, 단정하면서도 지적인 이미지가 참 인상적이었고, 많이 부러웠죠.

입사한 뒤, 제가 어릴 때부터 즐겨 보던 두 프로그램을 모두 진행하게 됐으니 정말 운이 좋은 사람이라는 생각이 들었어요. 신입 시절에는 선배님들께서 모니터링을 해 주시면서 황현정 선배를 닮았다는 이야기도 자주 해 주셨고요. 보

KBS 〈뉴스9〉 생방송 현장

도국에서도 그런 말을 들었는데, 그 한마디 한마디가 큰 용기
가 됐던 것 같아요.

편 학창 시절, 특별히 좋아했던 과목이 있었나요?

이 국어와 문학을 좋아했어요. 적성에도 잘 맞았고, 글을 읽고 해석하는 과정이 재미있었거든요. 당시 '청소년이 읽어야 할 명작 소설 100선' 같은 목록을 만들어 하나씩 읽는 재미에 빠졌던 기억이 나요.

집 앞에 공공도서관이 있었는데, 입장료도 무료였고 매점에서 파는 음식도 맛있어서 친구들과 함께 가기도 하고 혼자서도 자주 찾았어요. 그 시절 특히 좋아했던 작품이 『데미안 Demian』이었어요. 어린 마음에 '나와 이렇게 비슷한 사람이 있나?' 하는 착각에 빠질 정도였죠.

우리나라 현대시도 좋아해서 기형도, 이상, 최승자 작가의 시집을 찾아 읽기도 했습니다. 미술과 음악도 좋아했어요. 실기 과목은 비교적 잘하는 편이었고, 특히 음악 필기시험은 늘 좋은 점수를 받았죠. 지금 생각해 보면, 기본적으로 예술적 감성이 제 안에 있었던 것 같아요.

편 반대로 힘들었던 과목은 어떤 과목이었어요?

이 수학이 정말 힘들었어요. (웃음) 저는 이과 체질이 아니라서 많이 어려웠어요. 극복해 보려고 학원도 다니고 과외도 받아 봤지만, 결국 대학수학능력시험(수능)에서는 만족스러운 결과를 얻지 못했습니다.

편 중·고등학교 시절을 통틀어 가장 기억에 남는 순간은 언제인가요?

이 대학 진학에 실패해서 재수를 했던 시기가 가장 기억에 남아요. 그때 처음으로 '인생이 꼭 계획대로만 흘러가지는 않는구나.'라는 걸 실감했죠. 저는 성적에 집착하는, 아주 전형적인 한국 학생이었기 때문에 그 당시에는 인생이 실패했다고까지 느꼈어요.

하지만 그 경험은 제게 큰 전환점이 됐습니다. 좌절을 겪으면서 '다른 방식으로 노력해야겠다', '나만의 길을 찾아야겠다.'라는 생각을 하게 됐고, 그 이후로 삶을 대하는 태도 자체가 달라졌어요.

그전까지는 남들이 정해 놓은 기준에 맞춰서 잘해내는 게 전부라고 생각하며 공부하고 살아왔거든요. 그런데 입시에 실패하면서 그 틀이 완전히 무너졌죠. 이미 저는 그 기준에 미치지 못한 사람이 되어 있었으니까요. 그때 처음으로 '이제는 남의 기준이 아니라, 내가 정한 기준으로 살아야겠다.'라는 생각이 들었습니다.

그 변화의 시작은 대학생이 된 이후였어요. 제가 원하는 전공을 선택하고, 듣고 싶은 수업을 스스로 골라 듣는 주체적인 학생이 됐죠. 수강 신청을 할 때도 단 한 과목도 남의 선택에 맡기지 않았어요. 그러다 보니 강의 시간이 늘 즐거웠고, 수업에도 훨씬 적극적으로 참여하며 소통하게 됐습니다. 그 결과 좋은 성적이 자연스럽게 따라오는 건, 어쩌면 당연한 일이었겠죠.

편 인생의 방향을 완전히 바꿔 놓은 결정적인 전환점이 있었나요?

이 어렵게 대학에 들어와 나름 열심히 생활하고 있던 시기에, 예상하지 못한 큰 병이 찾아왔어요. 대학교 1학년 때 수술을 받게 됐고, 그 일로 정신적으로도 큰 충격을 받았죠. 주변 친구들은 모두 즐겁게 캠퍼스 생활을 하고 있는데, 저는 입시 실패에 이어 건강 문제까지 겹치다 보니 '왜 시련이 계속 오는 걸까?'라는 생각이 들더라고요.

수술은 무사히 끝났지만, 예상치 못한 문제가 생겼어요. 수술 부위와는 전혀 상관없는 오른쪽 팔에 감각이 사라진 거예요. 수술 시간이 예상보다 길어지면서 생긴 후유증이었죠. 처음에는 오른쪽 팔에 힘이 잘 들어가지 않아 혼자 양치질을 하는 것조차 버거웠어요. 너무 큰 충격이었고, '이렇게 영원히 팔을 못 쓰게 되면 어쩌지?'라는 생각까지 들었습니다. '나는 아직 아나운서에 도전해 보지도 못했는데…'라는 마음도 함께 따라왔고요.

병원에서는 일시적인 증상이라고 했지만, 감각은 생각보다 빨리 돌아오지 않았어요. 결국 1년 동안 휴학을 하며 재활 치료에 전념했습니다. 꼭 휴학까지 할 필요는 없었을지도 모르지만, 그때의 저는 잠시 멈춰 서서 제 삶을 다시 정비할 시간이 필요했던 것 같아요.

그렇게 힘든 시간을 지나고, 약 6개월에 걸쳐 팔이 완전히 정상으로 돌아왔을 때는 정말 다시 태어난 기분이었어요. 복학했을 때의 저는 이전과는 전혀 다른 사람이 되어 있었죠. 요즘 드라마나 웹툰에서 흔히 말하는 '회귀물(回歸物)'처럼, 마치 두 번째 인생을 사는 느낌이랄까요.

복학 후 가장 큰 변화는 학교 홍보 모델에 지원한 일이었어요. 사실 제 성격과는 잘 어울리지 않는 도전이었지만, '이제는 나를 드러내며 살아야겠다.'라는 마음으로 용기를 냈죠. 운 좋게 선발돼 학교 광고 촬영을 하고, 신문과 잡지에도 실리게 됐어요. 처음으로 카메라 앞에 서 본 경험이었는데, 그 경험이 제게 큰 자신감을 줬고 다양한 대외 활동으로 이어졌습니다.

홍보 모델 활동을 계기로 여러 선배님과 자연스럽게 연결됐어요. 그중에는 KBS에서 일하던 선배들도 있었고, 그 인연으로 대학생 시절에 전현무, 한석준, 이광용 선배를 직접 만나 방송 현장의 이야기를 들을 수 있었어요. 대학생 신분으로 그런 경험을 한다는 게 정말 신기했고, 제게는 큰 자극이 됐죠.

그 이후로 광고 모델 아르바이트도 해 보고, 연예기획사 오디션에도 도전해 보고, 실제 방송 현장도 경험하면서 방송이라는 세계를 다양한 각도에서 접하게 됐습니다. 그렇게 하나씩 경험을 쌓아 가며, 아나운서라는 꿈도 점점 더 구체적인 목표로 다가오기 시작했어요.

지금 돌아보면, 청소년기에는 대한민국의 많은 학생처럼 제 개성을 마음껏 드러낼 기회가 많지 않았던 것 같아요. 그런데 그 휴학과 복학의 시간이 저를 완전히 바꿔 놓았습니다. 이후로는 훨씬 적극적으로 살기 시작했고, 대학 생활도 정말 알차고 치열하게 즐겼어요. 연애도 하고, 다양한 배경을 가진 외국인 친구들과 어울리기도 하고, 공모전과 대외 활동에도 도전했죠. 그런 모든 경험이 결국 아나운서 시험을 준비하는 데 큰 원동력이 되었습니다.

편 아나운서 시험, 단 한 번에 합격하셨다고 들었습니다. 그 비결이 무엇인가요?

이 네, 저는 한 번에 합격했어요. 그래서 이런 생각도 들더라고요.

'그동안 겪었던 힘든 일들이 이렇게 보상받는구나.'

겉으로 보면 비교적 쉽게 합격한 것처럼 보일 수 있지만, 시험을 준비하는 과정에서는 끊임없이 스스로를 의심했어요. '과연 내가 이 일에 어울리는 사람일까?'라는 고민을 정말 많이 했죠. 누구나 그렇듯 좌절의 순간도 많았습니다.

처음 아나운서 학원에 갔을 때는 특히 그랬어요. 발성과 발음, 표현력까지 모든 것이 부족하다는 이야기를 계속 들었거든요. 그래서 '지금은 여기서 버티는 것보다, 혼자 내공을 더 쌓는 게 낫겠다.'라는 판단을 했고, 과감하게 학원을 그만두었습니다.

아나운서 공채 시험을 준비하는 동안에도 좌절은 계속됐어요. 지망생들 사이에서는 늘 각종 소문이 돌거든요.

"올해는 어느 방송사가 예능 아나운서를 뽑는다더라."

"이번엔 경력자를 선호한다더라."

"이미 유력한 합격자가 정해져 있다더라."

근거 없는 이야기들이 끊임없이 흘러 다니죠. 이미 다른 방송으로 얼굴이 알려진 지원자, 업계에서 실력자로 소문난 경력자, 심지어는 유명인의 자제가 내정돼 있다는 이야기까지, 정말 온갖 말들이 다 나옵니다. 그런 소문에 흔들리지 않고 끝까지 제 길을 가는 게 쉽지는 않았어요.

그럼에도 불구하고 제게 힘이 되어 준 사람들이 있었습니다. 경력직 선배들의 격려도 큰 도움이 됐고, 특히 원로 선배이신 이규항 위원님께 특강을 들었을 때 해 주신 말씀이 아직도 기억에 남아요.

"너는 지상파 3사 아나운서 감이야."

그 한마디가 자신감이 없던 저에게 시험 기간 내내 큰 버팀목이 되어 줬습니다.

그렇게 저만의 믿음을 원동력 삼아 KBS 공채 시험을 모두 치르고 나니, 이상하게도 결과와 상관없이 마음이 홀가분해지더라고요. '할 수 있는 건 다 했다.'라는 느낌이었어요.

합격 소식을 들은 날은 지금도 생생합니다. 발표 날이 크리스마스이브였거든요. 친구들과 저녁을 먹으러 가려고, 퇴근 시간대의 만원 지하철을 타고 있었어요. 오후 6시쯤이었던 걸로 기억합니다. 그때는 아직 스마트폰이 없던 시절이라 지하철 안에서는 인터넷 확인이 불가능했어요. 대신 지인들이 먼저 합격 발표를 확인하고 전화와 문자로 소식을 전해 줬죠. 발 디딜 틈 없이 붐비는 지하철 안에서 몇 번이고 감사 전화를 하고, 눈물을 흘렸던 기억이 납니다. 그날 저녁은 정말 잊을 수 없는 크리스마스 파티가 됐어요. 그 이후로 저는 기독교인은 아니지만, 크리스마스를 꼭 챙기는 사람이 됐습니다.

하지만 합격 이후에 곧바로 꽃길만 펼쳐진 건 아니었어요. 모델 경험은 조금 있었지만, 방송 경력은 사실상 전무했거든요. 입사하자마자 지방 방송국으로 발령을 받아 실전 방송에 투입돼야 했는데, 저는 말 그대로 '백지' 상태였습니다.

제가 처음 방송 생활을 시작한 곳은 제주KBS였어요. 그곳에서 정말 많은 것을 배웠습니다. 처음으로 뉴스 진행을 맡아 보고, 공개 생방송과 음악회 진행도 경험했죠. 모든 것이 서툴고 부족했던 저를 끝까지 인내심 있게 이끌어 주신 제주 선배님들께는 지금도 늘 감사한 마음을 가지고 있습니다.

편 고민을 털어놓을 때, 선배 아나운서들께서는 주로 어떤 조언을 해 주시나요?

이 다들 비슷한 말씀을 해 주세요.

"그건 모두가 겪는 과정이야. 우리도 다 그랬어."

"너 자신을 믿어라."

"처음 가졌던 자신감, 그 마음을 잊지 마라."

"네 개성을 찾아라."

슬럼프는 누구에게나 찾아오잖아요. 초반에는 일이 익숙하

지 않아서 오고, 어느 정도 시간이 지나면 권태감 때문에 또 찾아옵니다. 그래서 선배들은 늘 '마음가짐'이 가장 중요하다고 말해 주세요.

저 역시 큰 프로그램을 맡을 때마다 슬럼프를 겪었던 것 같아요. 물론 방송에 경중이 있는 건 아니지만, 유독 부담이 큰 자리를 맡을 기회가 많았거든요. 그런 중압감을 이겨내는 일은 정말 쉽지 않습니다. 결국 치열한 자기 자신과의 싸움이니까요. 아무리 준비를 해도, 실전에서 실력을 100% 발휘하기는 어렵더라고요.

그럴 때는 최대한 긴장을 풀려고 노력하고, 스스로를 믿어 주는 수밖에 없어요. 사실 이 부분은 지금도 완전히 극복했다고 말하기는 어려워요. 아마 앞으로도 계속 안고 가며 노력해야 할 과제일 것 같습니다.

방송에는 언제나 정답이 없다고 생각해요. 항상 잘할 수도 없고, 항상 못할 수도 없죠. 나의 단점이 어느 순간에는 장점이 되기도 하고, 반대로 장점이 단점처럼 보일 때도 있습니다. 그래서 가장 중요한 건, 결국 내가 하고 싶은 일을 최대한 즐기면서 하겠다는 마음인 것 같아요. 처음 아나운서가 됐을 때 느꼈던 그 감사함과 떨림을 잊지 않고, 그 마음으로 계속해서 앞으로 나아가는 것이죠.

편 아나운서님의 삶에 이정표가 되어 준 인생의 멘토는 누구인가요?

이 저는 특별히 정해 놓은 멘토는 없어요. 성인이 된 이후로는 늘 '나다움', 그리고 '내 기준으로 사는 삶'을 중요하게 생각해 왔거든요. 멘토를 정해 두면, 자꾸 그 사람의 방식이나 스타일에 끌려가게 되는 것 같더라고요.

다만, '불모지에서 혼자 자신의 힘으로 길을 만들어 낸 사람들'에게는 큰 영감을 받습니다. 예를 들면 김연아 선수나 박태환 선수처럼, 오롯이 자신의 노력만으로 세계 정상에 오른 분들이요. 저와 같은 분야에서 일하는 분들은 아니지만, 인생의 방향을 생각할 때 큰 힘이 되는 존재들이에요.

책의 첫머리에 김연아 선수가 연기했던 곡의 가사를 소개했는데, 그 가사가 마치 김연아 선수의 노력과 서사를 그대로 담고 있는 것처럼 느껴졌어요. 제가 KBS 공채 시험을 준비하던 시절, 김연아 선수가 시니어 데뷔 초기에 세계 무대에서 자신을 알렸던 쇼트 프로그램을 다시 보게 됐거든요.

열일곱 살의 소녀가 세계 무대에서 완벽한 연기를 선보였다는 사실도 놀라웠지만, 무엇보다 인상 깊었던 건 오직 자신에 대한 믿음과 확신으로 가득 찬 그 눈빛이었어요. 당시 피겨 스케이팅은 지금처럼 주목받는 종목이 아니었고, 충분한 관심이나 응원을 받지 못하던 상황이었잖아요. 그럼에도 불구하고 흔들리지 않는 김연아 선수의 당당함이 제게는 큰 용기가 됐습니다.

생각해 보면 저 역시, 아무에게도 주목받지 못하는 수많은 지망생 중 한 사람이었죠. 결국 나 자신을 믿고, 면접관들 앞에서 나의 가치를 증명해야 했어요. 조금 우스운 비유일 수도 있지만, 그 순간만큼은 김연아 선수가 세계 무대에 섰을 때의 마음으로 시험에 임했던 것 같아요. 너무 비약이 심한가요? 그래서 지금까지도 김연아 선수는 제 마음속 우상입니다.

방송을 하면서 단 한 번, 같은 프로그램에 출연한 적이 있었는데요. 출연자가 너무 많아 개인적으로 인사를 나눌 기회는 없었어요. 대신 김연아 선수의 남편인 고우림 씨를 〈열린음악회〉에서 자주 뵐 수 있었죠. 실력은 물론 인품까지 훌륭한 분이라, 두 분이 정말 잘 어울린다는 생각을 했습니다. 고우림 씨를 대신 많이 만났으니, 어느 정도 김연아 선수에게 닿았다고 해도 될까요?

아직 인생의 멘토를 만나지 못한 분들이 있다면, 저는 이렇게 말해 주고 싶어요. 스스로가 자신의 멘토가 되어 보라고요. 세상의 모든 '처음'을 시작한 사람들은 언제나 외롭습니다. 주위에 같은 길을 걷는 사람이 없기 때문이죠.

그러니 멘토를 찾지 못했다고 조급해하지 말고, 먼저 자기 자신에게 가장 성실한 멘토가 되어 주세요. 언젠가 여러분 역시, 누군가에게 길이 되어 주는 멘토가 될 수 있을 테니까요.

편 훗날 자녀가 아나운서를 꿈꾼다면, 엄마로서 기꺼이 응원하실 생각이신가요?

이 방송 일을 하는 것 자체는 괜찮다고 생각해요. 꼭 아나운서가 아니어도요. 다만 이 일은 무엇보다 개인의 의지와 적성이 정말 중요한 직업이에요. 누가 시킨다고 해서 할 수 있는 일은 아니거든요.

많은 사람에게 끊임없이 평가받아야 하고, 그만큼 스트레스도 감내해야 하는 일이죠. 그래서 스스로 정말 원한다면, 당연히 응원해 줄 거예요. 하지만 그렇지 않다면, 굳이 억지로 시키고 싶은 마음은 없습니다.

편 앞으로의 활동 계획은 어떻게 되나요?

이 엄마가 되고 나서 세상을 바라보는 시각이 많이 달라졌어요. 출산과 육아를 직접 겪으면서 '엄마로서 내가 할 수 있는 방송은 무엇일까?'를 자주 생각하게 됐죠. 육아나 출산, 여성의 삶을 다루는 프로그램에도 관심이 많아졌고요. 특히 요즘은 저출산 문제가 사회적으로도 워낙 심각하잖아요.

저 역시 직접 경험해 보니 힘든 점도 많았지만, 반대로 생각보다 괜찮았던 부분들도 있었어요. 그런 솔직한 경험들을 나눌 수 있는 방송을 해 보고 싶습니다. 그동안은 프로그램에 제가 맞춰 갔다면, 앞으로는 제 삶과 경험 자체가 프로그램의 내용이 되는 방송을 만들어 보고 싶어요.

군이 표현하자면, 희로애락(喜怒哀樂)을 모두 담아낼 수 있는 방송이랄까요. 사람들을 만나 진솔한 이야기를 나누는 인터뷰 프로그램도 해 보고 싶고요. 요즘은 술 한잔을 곁들여 편하게 대화를 나누는 유튜브 인터뷰 프로그램도 많잖아요. 사실 수다 떠는 건 제 전문이거든요.

제가 올해로 방송 18년 차인데, 이제야 조금 방송이 익숙해졌다고 말할 수 있을 것 같아요. 물론 '익숙해졌다'라는 표현도 완전히 맞는 말은 아니지만, 예전보다 마음을 내려놓게 되는 순간들이 분명 생긴 건 사실입니다. 그래서 앞으로는 좀 더 자유롭게, 다양한 시도를 해 볼 수 있을 것 같아요. 형식이나 역할에 구애받지 않고, 제가 도움이 될 수 있는 부분이 있다면 언제든 적극적으로 도전해 보고 싶습니다.

ANNOUNCER

이 책을 마치며

편 오랜 시간 아나운서의 길을 걸어온 자기 자신에게 어떤 말을 건네고 싶으신가요?

이 긴 시간을 들여 이 책의 질문들에 답하다 보니, 생각보다 오랜 시간 많은 일을 해 왔다는 느낌이 들었습니다. 그동안 큰 탈 없이 묵묵히 주어진 자리에서 할 일을 해 온 것이 다행이라는 생각도 들고요.

특히 청소년 시절, 저 역시 여러분처럼 막막하고 힘들었던 순간들이 떠올라 이만큼 걸어온 스스로가 대견하다는 마음도 생겼습니다. 너무 많은 고민에 자신을 가두기보다는, 주어진 자리에서 최선을 다해 살아가면 된다고 말하고 싶어요.

편 장시간에 걸친 깊이 있는 인터뷰였습니다. 이제 마무리할 시간인데, 소감이 어떠신가요?

이 처음에는 이 많은 질문에 과연 다 답할 수 있을까 걱정했는데, 이렇게 끝이 오네요. 저에게도 제 인생을 차분히 돌아보는 시간이어서 무척 뿌듯하고 행복했습니다. 동시에 다시 초심으로 돌아간 기분이기도 하고요.

특히 독자들에게 전하고 싶은 명언이나 멘토를 떠올리면서, 제가 한동안 잊고 지냈던 좋아하던 드라마와 장면들도 다시 생각나 즐거웠어요. 그 시절 순수하게 무언가를 좋아하던 마음이 되살아나, '감성 세포'들이 다시 깨어나는 느낌이었습니다.

편 화면 속 아나운서는 늘 완벽해 보였기에 인터뷰 전에는 무척 긴장했습니다. 하지만 오늘 대화를 통해 아나운서님 또한 우리와 같은 고민을 하고, 투병의 시련을 이겨내며 묵묵히 큰 산을 넘어온 한 사람이라는 것을 깊이 느끼게 되었습니다. 모든 완벽한 진행 뒤에 숨겨진 그 치열한 노력의 시간이 정말 뜻깊게 다가왔습니다.

이 너무 거창하게 제 이야기를 한 건 아닐지 걱정도 되지만, 사실 저는 누구보다 평범한 학생이었다는 점을 꼭 전하고 싶어요. 이 책을 끝까지 읽어 보시면 느끼시겠지만, 아주 특별한 이야기는 많지 않거든요.

꼭 특별하고 대단하지 않아도, 자신의 길을 찾아 꿈을 이룰 수 있다는 걸 말하고 싶었습니다. 그리고 누구에게나 크고 작은 고민과 좌절이 있다는 것도요. 학생 시절에는 그 고민이 더 크게 느껴질 수 있잖아요.

각자 짊어진 짐의 무게가 달라 불공평해 보일 때도 있지만, 조금만 시선을 바꿔 보면 삶은 생각보다 공평하다고 느껴질 때도 있습니다. 그렇게 생각하면, 내 앞에 놓인 시련도 조금은 덜 두렵게 건너갈 수 있지 않을까요.

편 이 책을 읽는 청소년들과 진로를 고민하며 방황하는 청년들이 어떤 직업인으로 성장하기를 바라시나요?

이 이 책은 아나운서를 꿈꾸는 분들을 위한 이야기이기도 하지만, 동시에 '나를 찾아가는 길'에 도움이 되는 책이었으면 합니다. 어떤 직업이든 그 자리에 이르기까지는 수많은 고민과 역경, 그리고 노력이 필요하니까요.

제 경험이 조금이나마 힘이 되기를 바라며, 어떤 선택을 하든 그 선택에 책임을 지고 당당히 살아가는 사람이 되었으면 좋겠습니다.

편 아나운서로서 걸어온 그간의 삶, 진심으로 행복하셨나요?

이 그럼요. 이 인터뷰를 마치며 다시 느끼게 되네요. 제 인생을 풍부하게 해 주었고, 좋은 사람들을 만나게 해 주었으며, 참 많은 것을 배우게 해 주었습니다. 앞으로도 더 많은 경험으로 채워질 제 인생이 기대됩니다.

편 청소년 여러분, 이제 TV 화면 속에서 이현주 아나운서를 만나면 이전보다 훨씬 더 반갑고 가깝게 느껴지지 않을까요? 오늘 우리는 '우리말을 수호하는 파수꾼'이자, '목소리로 사람들의 마음을 여는 아나운서'의 내밀한 세계를 함께 들여다보았습니다.

멀게만 느껴졌던 아나운서라는 직업이 이제 여러분의 삶 곁으로 한 걸음 더 다가갔기를 바랍니다. 청소년들을 위해 기꺼이 마음을 다해 따뜻한 지혜를 나누어 주신 이현주 아나운서님께 깊은 감사를 드립니다.

여러분의 꿈 앞에 놓인 문을 활짝 여는 〈잡프러포즈 시리즈〉는 앞으로도 쉼 없이 달리겠습니다. 여러분이 어떤 길을 선택하든, 그 길 위에서 자신을 온전히 사랑하며 당당하게 걸어갈 수 있기를 진심으로 응원합니다. 다음 편에서 다시 뵙겠습니다. 고맙습니다.

ANNOUNCER

나도
아나운서

나도 아나운서! ⟨바른말 고운말⟩

아나운서는 대중에게 가장 정확하고 아름다운 우리말을 전달하는 사람입니다. 우리가 무심코 사용하는 표현들 속에는 일본어식 한자어나 출처가 불분명한 외래어가 섞여 있을 때가 많습니다. 다음 활동을 통해 우리말의 품격을 높여 봅시다.

1. 잘못 쓰이는 표현 찾기 (발표 과제)

방송이나 인터넷, 혹은 일상생활에서 관용적으로 사용되지만 교정이 필요한 단어 5가지를 선정해 봅시다.

2. 우리말 대체 표현 토론 및 발표

선정한 단어들을 어떻게 하면 더 아름답고 정확한 우리말로 바꿀 수 있을지 친구들과 의견을 나누어 봅시다.

토론 가이드

질문: "이 단어를 대신했을 때 문맥이 더 자연스럽고 고운 느낌을 주는 단어는 무엇일까?"

초점: 단순히 뜻이 통하는 것을 넘어, 듣는 사람의 기분까지 고려한 표현을 찾아보세요.

기라성(綺羅星) 같다 → 【빛나는 / 쟁쟁한 / 내로라하는】

발표 예시: "일본식 조어인 '기라성' 대신, 실력이 뛰어난 사람들이 모였다는 뜻의 '쟁쟁한'이나 '내로라하는'을 사용하는 것이 훨씬 품격 있게 들립니다."

진검승부(眞劍勝負) → 【정면 승부 / 끝장 승부 / 진정한 승부】

발표 예시: "칼을 들고 싸우는 전쟁의 느낌보다, 정정당당하게 실력을 겨룬다는 의미의 '정면 승부'가 스포츠 중계 등에 더 적합합니다."

나도 아나운서! ⟨3분 스피치 - 우리 가족⟩

아나운서는 갑작스러운 속보 상황에서도 당황하지 않고 이야기를 이어가야 합니다. 또한, 준비된 방송에서는 정해진 시간 안에 핵심 내용을 완벽하게 전달해야 하죠. '우리 가족'이라는 친근한 주제로 이 두 가지 훈련을 시작해 봅시다.

STEP 1. 즉흥 스피치^{Impromptu Speech}

"지금 바로 마이크 앞에 섰다고 생각하세요!" 별도의 메모나 준비 시간 없이 3분 동안 '우리 가족'에 대해 발표합니다.

체크포인트

당황해서 "어...", "그니까..." 등 불필요한 추임새를 쓰지 않는지 확인합니다.
말이 막히더라도 미소를 유지하며 자연스럽게 다음 문장을 이어갑니다.
3분이라는 시간을 감각적으로 체득해 봅니다. (너무 짧거나 길지 않게!)

STEP 2. 스피치 개요 작성^{Speech Outline}

즉흥 발표에서 아쉬웠던 점을 보완하여 논리적인 뼈대를 세워 봅시다. 아나운서의 오프닝과 클로징처럼 강렬한 인상을 남기는 구성이 중요합니다.

STEP 3. 준비된 3분 스피치Prepared Speech

작성한 개요를 바탕으로 다시 한번 발표합니다. 이번에는 '전달력'에 집중합니다.

아나운서 Tip

- 시선 처리: 원고만 보지 말고 청중과 골고루 눈을 맞추며 이야기하세요.
- 완급 조절: 중요한 부분에서는 잠시 멈추고(Pause), 강조하고 싶은 단어는 힘주어 말하세요.
- 바른 자세: 어깨를 펴고 복식호흡을 활용해 안정적인 목소리를 냅니다.

아나운서 이현주의 한마디

"스피치는 기술이 아니라 '진심'입니다. 화려한 단어를 쓰지 않아도 괜찮아요. 여러분이 가족을 떠올릴 때 느끼는 따뜻한 온기가 청중의 마음까지 전달된다면 그것이 바로 최고의 스피치입니다. 개요를 짤 때는 여러분의 진심이 가장 잘 드러날 수 있는 에피소드를 골라 보세요!"

나도 아나운서! <나도 음악 프로그램 MC!>

음악회 진행의 핵심은 '여백의 미'와 '우아한 리듬감'입니다. 연주가 끝난 직후의 여운을 깨지 않으면서도, 다음 무대에 대한 설렘을 심어주는 연습을 시작해 봅시다.

아래의 대본을 소리 내어 읽어보세요. 각 문장의 괄호 안 지침을 참고하며 연습해 봅시다.

(우아하고 차분하게) 오늘 <열린음악회>, KBS교향악단의 연주로 문을 열었습니다. 안녕하세요, OOO입니다.

(약간의 감동을 섞어서) 오늘은 <열린음악회> 30주년을 기념하는 시간을 가지려 합니다. '열린'이란 이름에서 보여 주듯 세상의 모든 음악을 전해 주고자 만들어진 음악회이니만큼, 다양한 장르의 음악들이 이곳 KBS홀에서 울려 퍼졌는데요.

(친근한 어조로) 클래식 음악 또한, 대중음악과 한 무대에서 연주되고 어우러질 수 있는 편안한 음악이라는 걸 알려준 게, 바로 <열린음악회>였습니다.

(기대감을 고조시키며) 오늘 그 특별한 시간 다시 만나보실 수 있는데요, 함께해 주실 분들 소개해 드리겠습니다.

(힘차고 환영하는 어조로) KBS교향악단과 오늘의 지휘를 맡아 주실 OOO 지휘자입니다. (관객을 향해 손짓하며) 박수로 환영해 주시기 바랍니다!

아나운서 이현주의 한마디

"음악회 MC는 무대 위의 연주자와 객석의 관객을 이어주는 '다리' 역할을 합니다. 멘트를 할 때 지금 무대 뒤에서 준비 중인 연주자들의 설렘과, 무대 앞 관객들의 기대를 떠올려 보세요. 여러분의 목소리가 한 편의 음악이 될 때, 최고의 진행이 완성됩니다."

나도 아나운서! <인터뷰 실습 - 새 학기 목표>

현장의 목소리를 담는 인터뷰 프로그램의 핵심은 '경청'과 '정리'입니다. 5명의 서로 다른 목표를 하나의 이야기로 엮어 멋진 인터뷰 프로그램을 제작해 봅시다.

STEP 1. 인터뷰 사전 준비 (Pre-Interview)
성공적인 인터뷰를 위해서는 질문지 작성이 우선입니다.

- 인터뷰 대상 선정: 친구, 담임 선생님, 급식실 조리원님, 행정 담당 선생님, 학교 보안관님 등 다양한 시각을 담을 수 있는 분들을 찾아보세요.

- 핵심 질문 구성:
  1. "이번 새 학기에 가장 기대되는 일은 무엇인가요?"
  2. "올해 꼭 이루고 싶은 '나만의 목표' 한 가지만 말씀해 주세요."
  3. "우리 학교 친구들에게 전하고 싶은 응원의 한마디가 있다면요?"

STEP 2. 인터뷰 정리 및 원고 작성 (Script Writing)

인터뷰한 내용을 바탕으로 프로그램의 흐름을 구성합니다. 5명의 답변이 겹치지 않게 배치하는 것이 요령입니다.

원고 구성 템플릿

1. 오프닝: 프로그램의 시작을 알리고 주제를 소개합니다.
2. 인터뷰 본문: 브리지 멘트Bridge Ment(진행자의 연결 멘트)와 인터뷰 내용을 배치합니다.
3. 클로징: 인터뷰를 통해 느낀 점을 정리하며 마무리합니다.

STEP 3. 실전! 인터뷰 프로그램 원고 (예시)

오프닝

(밝고 활기찬 어조로) 안녕하세요, 여러분의 새 학기를 응원하는 '스쿨 보이스' 진행자 OOO입니다. 3월의 교정은 새로운 시작을 준비하는 이들의 열기로 가득한데요. 과연 우리 학교 구성원들은 어떤 목표를 품고 새 학기를 맞이했을까요? 그 설레는 목소리들을 지금 바로 만나 보겠습니다.

오프닝 인터뷰 본문 예시

1. [학생] 1학년 신입생 김지우 학생: "중학교 적응과 새로운 친구 사귀기"

   "중학교에 갓 입학해서 모든 게 낯설고 긴장돼요. 제 이번 학기 목표는 서먹서먹한 반 친구들에게 먼저 다가가 인사를 건네는 거예요. 1학기가 끝나기 전까지 반 친구들 모두의 이름을 외우고 친해지고 싶습니다!"

2. [교사] 3학년 담임 박상민 선생님: "모두가 건강하게 졸업
   까지 완주하기"
      "입시라는 큰 산을 앞둔 3학년 아이들의 담임을 맡게
   되어 어깨가 무겁습니다. 제 목표는 우리 반 아이들이
   성적에 일희일비하지 않고, 몸과 마음 모두 건강하게 1
   년을 완주할 수 있도록 든든한 조력자가 되어 주는 것
   입니다."

클로징

"짧은 인터뷰였지만, 새 학기를 준비하는 분들의 설렘과 비
장한 각오를 동시에 엿볼 수 있었습니다. 누군가에게는 '학
업'이, 누군가에게는 '관계'나 '건강'이 최우선이었지만, 그 모
든 목표가 결국 우리 학교를 더욱 풍성하게 만드는 소중한
조각들이라고 생각합니다.
말하는 대로 이루어진다는 말처럼, 오늘 여러분이 내뱉은 이
다짐들이 이번 학기가 끝날 즈음에는 값진 결실로 돌아와
있기를 바랍니다. 새로운 시작의 선 뒤에 서 있는 우리 학교
모든 구성원의 건승을 빕니다. 인터뷰를 마칩니다."

인터뷰 클로징 작성 팁

• 요약: 인터뷰 내용 중 반복적으로 등장한 키워드(예: 도전,
  열정, 성장 등)를 한 번 언급해 주세요.

- 의미 부여: 이 인터뷰가 우리 학교 공동체에 어떤 의미가 있었는지 짧게 덧붙입니다.
- 축복: 인터뷰 대상자와 독자(시청자)에게 긍정적인 응원의 메시지를 보내며 끝냅니다.

청소년들의 진로와 직업 탐색을 위한
잡프러포즈 시리즈 18

목소리로 사람들의 마음을 여는
아나운서

2026년 04월 13일 초판 1쇄

지은이 | 이현주
펴낸이 | 김민영
펴낸곳 | 토크쇼

편집인 | 김수진
표지디자인 | 이든디자인
본문디자인 | 문지현
홍보 | 이예지

출판등록 | 2016년 7월 21일 제 2023-000173호
주소 | 서울시 마포구 월드컵북로 98, 202호
전화 | 070-4200-0327
팩스 | 070-7966-9327
전자우편 | myys327@gmail.com
ISBN | 979-11-94260-81-3(43190)
정가 | 15,000원